KLAUS GAMBER – SIEGHILD REHLE

MANUALE CASINENSE

(Cod. Ottob. lat. 145)

KOMMISSIONS VERLAG
FRIEDRICH PUSTET REGENSBURG

Mit kirchlicher Druckerlaubnis

Gedruckt mit Unterstützung des
bischöflichen Stuhles von Regensburg

© 1977 by Friedrich Pustet Regensburg
Gesamtherstellung Friedrich Pustet
Printed in Germany
ISBN 3-7917-0514-8

MANUALE CASINENSE

TEXTUS PATRISTICI ET LITURGICI

quos edidit Institutum Liturgicum Ratisbonense

Fasc. 13

Hochwürdigen Herrn
DR. P. LEO EIZENHÖFER OSB
Stift Neuburg
dem Priestermönch und Gelehrten
zum 70. Geburtstag
15. 8. 1977

Einleitung

Der Codex Ottobonianus latinus 145, den wir im folgenden edieren, ist ein Liturgiebuch, das in einem Eintrag vorn in der Handschrift wenig genau »Orationale antiquum« genannt wird. Es enthält 163 Blätter (Blatt 58 ist versehentlich zweimal gezählt worden) im Format 21,6:13,5 cm. Der schlichte Codex ist in beneventanischer Schrift des 11. Jahrhunderts geschrieben und zum Teil mit Neumen versehen (fol. 1–11, 122–128, 133v–134)[1].

Über die Provenienz läßt sich nichts Sicheres sagen. Feststehen dürfte, u. a. aufgrund der Profeßformel auf fol. 121r, lediglich, daß die Vorlage, nach der die Handschrift geschrieben worden ist, aus dem Kloster Montecassino stammt. Entstanden ist sie, wie angenommen wird, in Benevent (S. Sofia)[2]. Zuletzt muß der Codex in einer Stadt Verwendung gefunden haben, die den heiligen Stephanus als Patron verehrt. Dies geht aus einem Hymnus zu Ehren dieses Erzmärtyrers, der im 12. Jahrhundert auf fol. 134r nachgetragen wurde, deutlich hervor (»urbis istius modice patroni«)[2a]. Das Liturgiebuch kam, wie auf dem Vorsatzblatt zu lesen ist, »ex codibus Joannis Angeli Ducis ab Altaemps(?)« in die Bibliotheca Ottoboniana.

Unsere Handschrift stellt ein Manuale für das Chorgebet dar, einen Vorläufer der späteren Breviere. Sie ist in der Literatur mehrmals erwähnt[3], jedoch als Ganzes noch nicht ediert worden.

---

[1] Vgl. P. Salmon, Les manuscrits liturgiques latins de la Bibliothèque Vaticane I (= Studi e Testi 251, Vaticano 1968) Nr. 150 S. 79.

[2] Vgl. S. J. P van Dijk – J. Hazelden Walker, The origins of the modern roman liturgy (London 1960) 529.

[2a] Um Benevent kann es sich nicht gut handeln, da die Stadt, wie mir Prof. Karl Vrana von Benevent schreibt, Stephanus nicht als Patron verehrt. »Eine Kirche hatte er schon: St. Stephanus in Neophytis (heute leider in eine Mechanikerwerkstätte umgewandelt). Die Kirche war bekannt besonders dadurch, daß in ihr byzantinische Liturgie gefeiert wurde. Später wurde sie mit der Kirche des heiligen Bartholomäus vereinigt (St. Stephanus in St. Bartholomaeo).

[3] Vgl. E. A. Lowe, The Beneventan Script (Oxford 1913) 366; E. M. Bannister, Monumenti Vaticani di Paleografia musicale latina (Leipzig 1913) Nr. 348 S. 122; Nr. 311 S. 113; Nr. 350 S. 123; Pal. Mus. XV Seite 67; J. Mearns, Early Latin Liturg. Hymnaries. An Index of Hymns in Hymnaries before 1100 (Cambridge 1913); O P. Gy, Collectaire, Rituel, Processional, in: Revue des Sciences phil. et théol. 44 (1960) 453.

In diesem Manuale sind nicht alle Stücke enthalten, die zur Bildung der späteren Breviere geführt haben[4]. Wir finden hier zu Beginn den sog. Psalmista[5], d. h. ein Ordinarium für die Wochentage – auffällig sind die eigenen Orationen zu den einzelnen Horen –, ferner ein ausführliches Hymnarium (mit den Cantica zur 3. Nokturn am Schluß), einen Liber Capitularis (mit den Kurzlesungen), ein kleines Rituale monasticum und zum Schluß ein Collectarium, in dem für die einzelnen Tage, meist auch für die verschiedenen Horen, Orationen zusammengestellt sind[6].

Der Codex weist einige Lücken auf. Umso bedauerlicher ist es, daß bis jetzt noch keine Parallel-Handschrift ausfindig gemacht werden konnte. Es ließen sich nur einige verwandte Liturgiebücher feststellen und zwar sind es in der Hauptsache die folgenden:

1) Montecassino, Cod. 420 (11. Jh.). Hier beginnen auf fol. 8 die Offizien der Wochentage und fol. 112 die Temporaloffizien[7]. Es handelt sich bereits um eine Art Brevier.

2) Bibl. Vaticana, Cod. Urbin. lat. 585 aus Montecassino (um 1100). Besonders hingewiesen sei auf die Litaneien (fol. 97v), das Hymnarium (fol. 104v), den Liber Capitularis (fol. 134v) und das Collectarium (fol. 150v)[8].

3) Paris, Mazarine, ms. 364 aus Montecassino (um 1100), eine ähnliche Handschrift wie die eben genannte[9].

4) Bibl. Vaticana, Cod. Vat. lat. 4928 aus Benevent, S. Sophia (12. Jh.). Wir finden hier ein vollständiges Psalterium Romanum (fol. 100v), ein Hymnarium (fol. 214v) mit anschließenden Cantica zur 3. Nokturn, ein Collectarium (fol. 262v) sowie ein Teil-Rituale (fol. 267)[10].

---

[4] Vgl. P. Salmon, L'office divin au Moyen Age (= Lex orandi 43, Paris 1967) 53–60.

[5] Vgl. Salmon, L'office divin 107.

[6] Zu den Collectaria vgl. K. Gamber, Codices liturgici latini antiquiores (= Spicilegii Friburgensis Subsidia 1, ²Freiburg/Schweiz 1968) 548–559, im folgenden »CLLA« abgekürzt.

[7] Vgl. P. Salmon, L'office divin 53 f.

[8] Vgl. H. Ehrensberger, Libri liturgici Bibliotheca Apostolicae Vaticanae manu scripti (Freiburg 1897) 310 f.; Salmon, L'office divin 58.

[9] Vgl. Salmon, L'office divin 58; L. Eizenhöfer, Das Gebet aus dem Polykarpmartyrium als Kommuniongebet im »Brevier« des Abtes Oderisius von Monte Cassino, in: Sacris erudiri XIX (1969/70) 5–25.

[10] Vgl. Ehrensberger, Libri liturgici 206; Salmon 59; CLLA Nr. 465d.

5) Napoli, Cod. XVI A 7 aus Benevent, S. Deodato (12. Jh.). Dieses Liturgiebuch ist mit dem unsern am meisten verwandt. Nach einem Hymnarium und dem Liber Capitularis folgen fol. 284, wie bei uns, »Letaniae in cotidianis diebus« und fol. 241v ein Collectarium[11].

6) Napoli, Cod. VI G. 31 (noch 11. Jh.?), vielleicht aus Bari (3 Nikolaus-Orationen). Der Codex beginnt defekt mit den Vesper-Hymnen, darauf fol. 2r »Can(tica) de aduentu dni« (die Cantica zur 3. Nokturn), fol. 27r ein Collectarium (schließt defekt an Mariä Verkündigung) und fol. 34r ein Hymnar (defekt beginnend)[11].

Ein genauer Vergleich der genannten Liturgiebücher mit unserem Manuale Casinense kann hier, wo lediglich der Text der Handschrift ediert werden soll, nicht stattfinden. Ein solcher Vergleich bietet reichlich Stoff für spätere Studien, die umso notwendiger sind, als über die Anfänge der Brevier-Handschriften noch kaum Arbeiten vorliegen[12].

Kurz erwähnt seien hier zwei weitere frühe Breviere in beneventanischer Schrift, die sich in der Bibl. Nazionale in Neapel befinden: der Cod. XVI A 3 aus dem 11. Jahrhundert, in gepflegter Schrift mit feinen Initialen geschrieben, mit nur 61 Blättern (ab fol. 16 eine andere Hand), sowie der Cod. XVI A 19 aus dem 12. Jahrhundert, eine neumierte Handschrift (z. T. nicht mehr lesbar)[13].

Als eine Art Vorgänger unseres Manuale kann der Cod. Vat. lat. 7172 aus Neapel, S. Severino (10./11. Jh.) angesehen werden. Er besteht aus einem Hymnarium für die Wochentage und einem solchen per annum (ab fol. 9v) mit anschließenden Cantica zur 3. Nokturn (fol. 144v) und einem Liber Capitularis (fol. 154v)[14]. Da in unserer Handschrift die genannten Cantica nur sehr fragmentarisch erhalten geblieben sind, kann dieser Codex aus Neapel

---

[11] Vgl. van Dijk – Walker, The origins 532 Nr. 36 bzw. 537 Nr. 94. Die Handschriften, über die sonst nichts zu finden ist, wurden von mir eingesehen.

[12] Vgl. CLLA S. 606 ff. (mit Literatur).

[13] Vgl. E. A. Lowe, A new List of Beneventan MSS (= Studi e Testi 219/20, Vaticano 1962) 228. – Die Handschriften wurden von mir eingesehen.

[14] Vgl. C. Blume, Hymnarius Severianus. Das Hymnar der Abtei St. Severin in Neapel (= Analecta Hymnica, fasc. 14a, Leipzig 1893); CLLA Nr. 1673.

zur Ergänzung herangezogen werden. In unserer Edition wurden die Lücken jedoch nicht aufgefüllt.

Zur Schrift unseres Codex ist zu sagen: Es handelt sich um eine typisch beneventanische Minuskel des 11. Jahrhunderts (auf 22 Zeilen). Die farbig ausgefüllten Initialen sind einfach, aber stilvoll. Etwas größer und reicher ausgeführt sind die E-Intialen jeweils zu Beginn des Liber Capitularis auf fol. 85v und des Collectarium auf fol. 135r. Originell sind einige O-Initialen mit Frauenköpfen, häufig vor allem ab fol. 136r.

Der Text der Handschrift zeigt in der Schreibweise die Eigentümlichkeiten der Zeit und der Gegend, so die häufige Verwechslung von *b* und *v* (u), die Unsicherheit hinsichtlich des *h*, das teils wegfällt, teils zusätzlich erscheint (z. B. *hos* statt *os*), vor allem aber das häufige Fehlen des Schluß-*m* (ein *m* fehlt auch gelegentlich innerhalb des Wortes). Wir haben mit ganz wenigen Ausnahmen den fehlerhaften Text der Handschrift nicht verbessert (ergänzte Buchstaben in runden Klammern) und nur gelegentlich durch Anbringen eines (!) auf besonders auffällige Lesungen hingewiesen.

Das umfangreiche Hymnarium wurde nicht vollständig ediert; es wurden lediglich die Initien der einzelnen Hymnen angegeben und auf die entsprechende Nummer im Repertorium Hymnologicum (= RH)[15] sowie auf die Textwiedergabe in den Analecta Hymnica (= AH)[16] oder in der Ausgabe von Daniel[17] verwiesen. Die wenigen Texte, die in RH nicht genannt sind, wurden vollständig abgedruckt.

Bei den Orationen wird immer nur eine einzige Belegstelle angegeben. Weitere Parallelstellen sind in der jeweils zitierten Handschrift-Edition zu suchen. Es wurden folgende Codices herangezogen:

[15] U. Chevalier, Repertorium Hymnologicum. Cataloque des chants, hymnes, proses, séquences, tropes en usage dans l'église latine I–VI (Louvain/Bruxelles 1892–1920).

[16] C. Blume – G. Dreves, Analecta hymnica medii aevi, 55 Bände (Leipzig 1886–1922).

[17] H. A. Daniel, Thesaurus hymnologicus (Halle 1891 ff.)

AmB	=	Ambrosian. Sakramentar von Bergamo, ed. A. Paredi (CLLA Nr. 505)
B	=	Beneventan. Missale von Benevent, ed. S. Rehle (CLLA Nr. 430)[18]
Ba	=	Beneventan. Missale in Baltimore, ed. S. Rehle (CLLA Nr. 445)[19]
Dold I	=	Beneventanisches Missale-Fragment, ed. A. Dold (CLLA Nr. 440)
F	=	Sakramentar von Fulda, ed. G. Richter (CLLA Nr. 970)
H	=	Hadrianum (Sacramentarium Gregorianum), ed. L. Lietzmann (CLLA Nr. 720)
Pr	=	Sakramentar von Prag, ed. A. Dold – L. Eizenhöfer (CLLA Nr. 630)
S	=	Sakramentar von St. Gallen, ed. K. Mohlberg (CLLA Nr. 830)
V	=	Codex Vaticanus (Gelasianum), ed. C. Mohlberg (CLLA Nr. 610)

Außerdem werden in unserer Edition folgende Sigel bzw. Abkürzungen verwendet:

AH	=	Analecta Hymnica, von G. M. Dreves und C. Blume (1908 ff.)
CLLA	=	Codices liturgici latini antiquiores, von K. Gamber (1968)
Franz	=	A. Franz, Die kirchlichen Benediktionen im Mittelalter (1909)
PRG	=	Pontificale Romano-Germanicum, von C. Vogel (1963 ff.)
RH	=	Repertorium Hymnologicum, von U. Chevalier (1892 ff.)
Vg	=	Vulgata
VL	=	Vetus latina

---

[18] S. Rehle, Missale Beneventanum (Codex VI 33 des Erzbischöflichen Archivs von Benevent), in: Sacris erudiri XXI (1972/73) 323–405.
[19] S. Rehle, Missale Beneventanum von Canosa (= Textus patristici et liturgici 9, Regensburg 1972).

Zum Schluß noch eine Übersicht über den Inhalt unseres Manuale:

1. Brevierteile:
   Psalmista monasticus (beginnt defekt in der Feria III), Hymnar
   (Temporale und Sanctorale gemischt, Advent bis Andreas,
   dann Commune Sanctorum)
   Monastische Cantica der 3. Nokturn (mit großen Lücken)
   Liber Capitularis (kurze Brevier-Lektionen)
   Litaniae für die Wochentage (Montag bis Samstag)

2. Rituale: Ordo ad monachum faciendum. Missa.
   Ad mandatum Sabbato (monastische Fußwaschung)
   Ad aquam benedicendam (mit den Klosterbenediktionen)
   Tischgebete

3. Collectarium:
   Eine oder mehrere Kollekten für die Offizien vom Advent bis
   Andreas, Commune Sanctorum, Dedicatio (Temporale und
   Sanctorale gemischt). Die Sonntage sind, wie in den beneven-
   tanischen Missalien, eingeteilt in solche nach Pfingsten, nach
   Peter und Paul, nach Laurentius und nach Michael.

Den monastischen Ursprung des Liturgiebuches zeigen haupt-
sächlich der Psalmista monasticus (mit der für das benediktini-
sche Chorgebet typischen Psalmenaufteilung), die Cantica der 3.
Nokturn, das klösterliche Rituale sowie eine Reihe kleinerer Be-
obachtungen, wie die Stellung Benedikts gleich nach Stephan in
den Litaneien oder die Erwähnung des Abtes und seiner Kongre-
gation in der Oration Nr. 52 (»abbatem ... et congregationem«).
Unser Manuale war vor allem, wenn auch nicht ausschließlich, ein
Buch für den Chor- und Funktionenleiter (Hebdomadar), da alle
Orationen ausgeschrieben sind.

Die Edition der Handschrift ist dem verdienten Sakramentar-
forscher, Dr. P. Leo Eizenhöfer OSB von Stift Neuburg bei Heidelberg gewidmet. Er war einige Jahre in S. Anselmo in Rom
als Mitarbeiter von P. Kunibert Mohlberg OSB an der Heraus-
gabe mehrerer bedeutender Sakramentar-Editionen beteiligt und
ist schon seit Jahren als Berater bei den Veröffentlichungen des
Liturgiewisenschaftlichen Instituts Regensburg tätig. Der Gelehr-
te hat auch für diese Edition mehrere wertvolle Anregungen und
Hinweise gegeben. Ihm sei herzlicher Dank ausgesprochen.

Edition des Cod. Ottob. lat. 145

(ORDO OFFICII PER EBDOMADAM)
(PSALMISTA)
[. . .]
(FERIA III)
[. . .]
(AD PRIMAM) [. . .]

1

(*Oratio*) (. . .) [1r] ut sol iustitiae tue semper oriatur in nobis. qui fugatis praue conscientie tenebris. uera nos luce perpetua splendoris illuminet. Et pacem. per

ITEM AD TERTIAM

Hymnum. Nunc (sancte nobis spiritus)
Antiphona. Clamaui et exaudiuit me. *Ps.* Ad dnm dum (119). *Ps.* Leuaui (120) *Ps.* Laetatus sum (121)
Lectio et Pater (noster) *et Capitulum ut supra*

2

(*Oratio*) Ut tuam dne misericordiam consequamur. fac nos tibi toto corde esse deuotos. Et pace.

AD SEXTAM

Hymnum. Rector (potens)
Antiphona. Ad te leuaui oculos meos qui habitas in celo. *Ps. Ipsum* (122) *Ps.* Nisi quod dns (123) *Ps.* Qui confidunt in dno (124)
Lectio et omnia ut supra

3

Oratio. Suscipe dne preces nostras. et clamantium ad te. pia corda propitius intendet. Et pacem

AD NONAM

Hymnum. Rerum deus
Antiphona. Facti sumus sicut consolati. *Ps.* In conuertendo (125) *Ps.* Nisi dns (126) *Ps.* Beati omnes qui timent (127)
Lectio et capitulum ut supra

1: ?   2: H 204,3   3: H 204,4

(*Oratio.*) Cunctas dne a nobis semper iniquitates repelle. ut ad
uiam salutis eterne. secura mente curramus. Et pacem

ITEM AD UESPERUM

Antiphona. De profundis clamaui ad te dne. *Ps. Ipsum* (129)
Antiphona. Speret (israhel in dno) *Ps.* Dne non est exaltatum
(130)
Antiphona. Et omnis man[iv]suetudinis eius. *Ps.* Memento dne
(131)
Antiphona. Ecce quam bonum et quam iucundum. *Ps. Ipsum* (132)
(*Lectio.*) (Eph 4, 31): Fratres. Omnis amaritudo et ira et indigna-
tio. et clamor et blasphemia. tollatur a uobis cum omni malitia.
(℞.) Adiutorium nostrum in nomine dni. ℣. Qui fecit celum (et
terram)
Hymnum. Telluris ingens conditor. mundi solum qui eruens (RH
20268)
Antiphona. In deo salutari meo. exultauit spiritus meus. *Ps.*
Mag(nificat)
Hymnum et omnia ut supra

(*Oratio.*) Omnipotens sempiterne deus. uespere et mane et meridie
maiestatem tuam suppliciter deprecamur. ut ex(pulsis de cordibus
nostris peccatorum tenebris. ad ueram lucem quae xps est nos
facias peruenire. Et pacem)

Lücke von 1 Blatt

[...]   (FERIA IIII)
[...] (AD PRIMAM)

[...] (Oratio) ... [5r] dum nomini tuo. tribue nobis totum hunc
diem in tuo seruicio constitutis pacifice religioseque curare. per

---

4: H 204,5   5: V 1587
6: ? (Initium fehlt)

AD TERTIAM

Antiphona. Unde ueniet auxilium mihi. *Ps.* Ad dnm dum *usque* Ad te leuaui (119–121)
Lectio et capitulum ut supra

7

Oratio. Redemptor noster aspice deus. et tibi nos iugiter seruire concede. Et pace(m). per

AD SEXTAM

Antiphona. Qui habitat in celo miserere nobis. *Ps.* Ad te leuaui *usque* In conuertendo (122–124)
Lectio et omnia ut supra

8

(*Oratio.*) Presta qs omnipotens. ut tibi placita mente seruiamus. per

AD NONAM

Antiphona. Nisi tu dne seruaueris in uanum uigilant oculi nostri. (*Ps.*) In conuertendo *usque* Sepe expugnauerunt (125–127)
Lectio et omnia ut supra

9

(*Oratio.*) Purificet nos indulgentia tua deus. et ab omni semper iniquitate custodiat. per

AD UESPERUM

Antiphona. Omnia quecumque uoluit dns fecit. *Ps.* Laudate nomen (134)
Antiphona. Quoniam in seculum misericordia eius. *Ps.* Confitemini dno (135)
Antiphona. Hymnum cantate nobis de canticis syon. *Ps.* Super flumina (136)
Antiphona. In conspectu angelorum psallam tibi deus meus. *Ps.* Confitebor (137) [5v]
(*Lectio.*) (Rom 5, 1–2): Fratres. Iustificati igitur ex fide. pacem habeamus ad deum. per dnm nrm ihm xpm. per quem et ascensum

7: H 204,6   8: H 204,8   9: ?

habemus per fidem in gratia ista in qua stamus. et gloriamur in spe
glorie filiorum dei.
(℞.) Quoniam tu illuminas lucernam meam dne. ℣. Deus meus
illumina tenebras meas.
(*Hymnum.*) Celi deus sanctissime. qui lucidum centrum poli (RH
3438)
℞. Uespertina oratio ascendat ad te dne *et* Respice humilitatem
meam dne. *Ps.* Mag(nificat)

10

(*Oratio.*) [6r] Uespertine laudis officia persoluentes. clementiam
tuam dne humili prece deposcimus. ut nocturnis insidiatoris frau-
de. te protegente uincamus. per dnm
Antiphona ad crucem ut supra

FERIA V

(*Antiphona ad inuitatorium.*) Regentem agnum dnm. uenite adoremus *Ps.* Uenite (94)
(*Hymnum.*) Nox atra rerum contegit. terre colores omnium (RH
12396)

(AD NOCTURNUM. UIGILIA I)

Antiphona. Liberasti uirga(m) hereditatis tue. *Ps.* Ut quid re(ppu-
listi) (73–74) *Ps.* Confitebimur (74)
Antiphona. Tu es deus qui facis mirabilia. *Ps.* Uoce mea (76)
(*Antiphona.*) [6v] Inclinate aurem uestram in uerba oris mei *Ps.*
Attendite (77)
Antiphona. Propitius esto peccatis nostris dne. *Ps.* Deus uenerunt
(78)
(*Lectio.*) (Sap 3.9): Qui confidunt in dno. intellegent ueritatem et
fideles in dilectione acquiescent illi. quoniam donum et pax est
electis dni.
℞. Exultate deo adiutori nostro. ℣. Iubilate deo iacob.

10: ?

18

UIGILIA II

(*Antiphona.*) Exultate deo adiutori nostro. Alleluia. alleluia. alleluia. *Ps.* Qui regis (79, 80) *et* Exultate (32)

Antiphona. Tu solus altissimus super omnem terram. *Ps.* Ds stetit in syna(goga) *et* Deus qui similis (91–82)

Antiphona. Benedixisti dne terram tuam. *Ps.* Quam amabilia (83)

Ps. Benedixisti dne (84)

Lectio. (Gal 5, 25–6,2): Fratres. Si spiritu uiuimus spiritu et ambulemus. non efficiamur inanis glorie cupidi. inuicem prouocantes. inuicem inuidentes. sed si preoccupatus fuerit homo in aliquo delicto. uos qui spiritales estis instruite huiusmodi in spiritu ueritatis. considerans te ipsum. ne et tu tenteris. alter alterius onera portate. et sic adim[2r]plebitis legem xpi.

℣. Exultate deo adiutori (nostro. ℟. Iubilate deo iacob)

11

(*Oratio.*) Omnipotens sempiterne deus. per quem cepit esse quod non erat. et factum est uisibile quod latebat. stultitiam nostri cordis emunda et que in nobis sunt uitiorum secreta purifica. ut possimus dno pura mente seruire. per

AD MAT(UTINALES) L(AUDES)

Antiphona. Auerte dne faciem tuam a peccatis meis. *Ps.* Miserere (50)

Antiphona. Intret oratio mea in conspectu tuo dne. *Ps.* Dne ds salutis (87)

Antiphona. Dne refugium factus es nobis. *Ps. Ipsum* (89)

Antiphona. Cantemus dno gloriose. *Ps. Ipsum* (Cant. Ex 15)

Antiphona. Cantate dne canticum nouum. *Ps.* Laudate dnm de (148–150)

Lectio. (Eph 4, 1–4): Fratres. obsecro uos ego uinctus in dno. ut digne ambuletis. uocatione qua uocati estis. cum omni humilitate et mansuetudine. cum patientia supportantes inuicem in caritate. sicut [2v] uocati estis in u(na) spe uocationis uestre.

℟. Sit splendor dni dei nostri. super nos et opera ma(nuum)

(*Hymnum.*) Lux ecce surgit aurea. pallens fatiscat cecitas (RH 10810)

11: V 1205

℣. Repleti sumus mane misericordia tua. ℟. Et ue(spere)
Antiphona. In sanctitate seruiamus dno et liberauit ab inimicis
nostris. *Ps.* Bene(dictus)

12

Oratio. Te lucem ueram et lucis auctorem dnm deprecamur. ut
digneris a nobis tenebras expellere uitiorum. et clarificare nos luce
uirtutum. per

AD PRIMAM

Antiphona. Illumnia oculos meos dne. *Ps.* Usquequo dne (12) *Ps.*
Dixit insipiens (13) *Ps.* Dne quis habitet (14)
Lectio et omnia ut supra

13

Oratio. [3r] Omnipotens sempiterne deus. qui facis mirabilia
magna solus. effunde super nos misericordiam tuam et dies nostros
in tua pace dispone. per

AD TERIAM

Antiphona. Auxilium meum a dno. *Ps.* Ad dnm (119–121)

14

Oratio. Adesto nobis misericors deus. et tua circa nos propitiatus
dona custodi. per

AD SEXTAM

Antiphona. Miserere nobis dne miserere nobis. *Ps.* Ad te le (uaui
oculos meos) (122–124)

15

Oratio. A cunctis iniquitatibus nostris exue nos dne. et in tua fac
pace gaudere. per

AD NONAM

Antiphona. Beatus uir qui impleuit desiderium suum. *Ps.* In con-
uer(tendo) (125–127)

16

Oratio. Uincula qs dne humane prauitatis abrumpe. ut ad confi-
tendum nomen tuum libera mente curramus. per

12: V 1579   13: ?
14: H 204,10   15: H 204,11   16: H 204,12

AD UESPERUM

Antiphona. Dne probasti me et cognouisti me. *Ps. Ipsum* (138)
Antiphona. A uiro iniquo libera me dne. *Ps.* Eripe me dne (139)
Antiphona. Dne clamaui ad te exaudi me. *Ps. Ipsum* (140)
Lectio. (Eph. 4, 23–26): Fratres. Renouamini spiritus mentis uestre.
et induite nouum hominem qui secundum deum creatus est in iustitia et sanctitate ueritatis. propter quod deponentes [3v] mendacium. loquimini ueritatem unusquisque cum proximo suo quoniam
sumus inuicem membra.
℞. Dirigatur dne ad te oratio mea. ℣. Sicut incensum in con(spectu
tuo).
Hymnum. Magne deus potentie. qui ex aquis ortum genus (RH
10934)
℣. Uespertina oratio (ascendat ad te dne. ℣. Et descendat super
nos misericordia tua)
Antiphona. Deposuit potentes sanctos persequentes. et exaltauit
humiles xpm confitentes. *Ps.* Mag(nificat)

17

Oratio. Propitiare dne uespertinis supplicationibus nostris. et fac
nos sine ullo reatu matutinis tibi laudibus presentari. per

(FERIA VI)

(*Antiphona ad inuitatorium.*) [4r] Adoremus dnm quoniam ipse
fecit nos. *Ps.* Uenite (94)
(*Hymnum.*) Tu trinitatis unitas. orbem potenter (RH 20709)

AD NOCTURNUM. (UIGILIA I)

Antiphona. Inclina dne aurem tuam ad me et exaudi me. *Ps.* In-
clina *et* Fundamenta (85–86)
Antiphona. Benedictus dns in eternum. *Ps.* Misericordias tua (88)
Antiphona. Exaltare qui iudicas terram. *Ps.* Dns regnauit. Ds ul-
tionum (92, 93) ℣. Factus est michi dns in ref(ugium)
Lectio. (Sap 1, 6–7): Benignus est spiritus sapientie et non liberauit

17: V 1592

maledictum a labiis suis [4v] quoniam renum illius testis est ds. cordis illius scrutator est uerus. et lingue illius auditor. quoniam spiritus dni repleuit orbem terrarum. et hoc quod continet omnia scientiam habet uocis.

℟. bb. (=*Responsorium breve.*) Cantate dnm canticum nouum. ℣. Cantate dno.

UIGILIA II

(*Antiphona.*) Cantate dno et benedicite nomen eius. Alleluia. alleluia. *Ps.* Cantate dno canticum *et* Dns regnauit. Exultet (95–96)
Antiphona. Quia mirabilia fecit dns. *Ps.* Cantate cant. quia *et* Dns regnauit iras(cantur) (97–98)
Antiphona. Iubilate deo omnis terra. *Ps. Ipsum et* Misericordia (99, 100)
Lectio. (Rom 5,3–5): Fratres. non solum autem. sed et gloriamur in tribulationibus. scientes quod tribulatio patientiam operatur. patientia autem probationem. probatio uero spem. spes autem non confundit. quia caritas diffusa est in cordibus uestris. per spiritum sanctum qui datus est nobis.
℣. Iubilate deo omnis terra. ℟. Ser(uite dno in letitia)

18

Oratio. Illumina qs dne tenebras nostras. et totius noctis insidias tu repelle propitius. per

AD MAT(UTINALES) L(AUDES)

Antiphona. [7r] Spiritus principalis confirma cor meum dne. *Ps.* Miserere (50)
Antiphona. In israhel magnum nomen eius. *Ps.* Notus in iudea (75)
Antiphona. Bonum est confiteri dno. *Ps.* Et psallere (91)
Antiphona. Dne audiui auditum tuum et timui. *Ps.* Consi(!) (Cant. Hab. 3)
Antiphona. In sanctis eius laudate deum. *Ps.* Laudate (148–150)
Lectio. (Eph 5, 15–19): Fratres. Uidete itaque quomodo caute ambuletis. non quasi insipientes. sed ut sapientes redimentes tempus. quoniam dies mali sunt. propterea nolite fieri imprudentes sed

18: V 1589

intelligentes. que sit uoluntas dni. Et nolite inebriari uino. in quo est luxuria. sed implemini spu sco. loquentes uobismetipsis. in psalmis. et ymnis. et canticis spiritualibus. psallentes in cordibus uestris dno.

℞. Ad annuntiandum mane misericordiam tuam et ueritatem tuam per nocte. ℣. Mi(sericordia). Gloria pa(tri)

Hymnum. Eterni celi gloria. beata spes mor[7v]talium (RH 610)

℣. Repleti sumus (mane misericordia tua. ℞. Exultauimus et delectati sumus)

Antiphona. Per uiscera misericordie dei nostri uisitauit nos oriens ex alto. *Ps.* Benedictus.

19

Oratio. Deus qui diem discernis a nocte. actus nostros a tenebrarum distingue caligine. ut semper que sancta sunt meditantes. in tua iugiter luce uiuamus. per

Antiphona ad crucem. ut supra et oratio.

AD PRIMAM

Antiphona. Propter uerba labiorum tuorum ego custodiui. *Ps.* Conserua me dne (15) *Ps.* Exaudi dne (16) *Ps.* Diligam te dne (17)

20

Oratio. Dne deus omnipotens. qui nos ad principium huius diei peruenire fecisti. conser[8r]ua nos hodie per omnium horarum spatium atque momenta temporum. et in tua gratia nos semper fac persistere illesos. per

AD TERTIAM

Antiphona. In domum dni letantes ibimus. let(!) *Ps.* Ad dnm tribu(larer) (119–121)

21

Oratio. Uide dne iniquitates nostras. et celeri nobis pietate succurre. per

AD SEXTAM

Antiphona. Adiutorium nostrum in nomine dni. *Ps.* Ad te leua(ui) (122–124)

19: V 1581   **20**: AmB 1581   **21**: H 204,14

23

(*Oratio*) Fac nos qs dne mala nostra toto corde respuere. ut bona
tua capere ualeamus. per

AD NONAM

Antiphona. Non confundetur dum loquitur inimicis suis in porta.

(*Oratio.*) Preueniat nos qs dne misericordia tua. et uoces nostras
clementia tue propitiationis anticipet. per

AD UESPERUM

Antiphona. Portio mea dne sit in terra uiuentium. *Ps.* Uoce mea
(141)

Antiphona. Benedictus dns deus meus. *Ps. Ipsum* (143)

Antiphona. Per singulos dies benedicam te dne. *Ps.* Exalta(bo)
(144)

Lectio. (I Cor 14, 20): Fratres. Nolite pueri effici sensibus. sed
malitia paruuli estote. sensibus autem perfecti estote.

℞. *bb.* Quam magnificata sunt opera tua dne. ℣. Omnia in sa(pien-
tia fecisti). Gloria.

Hymnum. [8v] Plasmator hominis deus. qui cuncta solus (RH
14968) ℣. Suscepit deus israhel puerum suum.

Antiphona ad uesperum. Sicut iurauit abraham et semen eius.
exaltare humilem usque in seculum *Ps.* Mag(nificat)

(*Oratio fehlt*)

SABBATO

Antiphona ad inuitatorio. Dnm qui fecit nos uenite adoremus. *Ps.*
Uenite (94)

Hymnum. Summe deus clementie. mundique factor machine (RH
19636) [9r]

(AD NOCTURNAM UIGILIA I)

Antiphona. Clamor meus ad te ueniat deus. *Ps.* Dne exaudi
or(ationem) *et* Benedic anima mea (101, 102)

Antiphona. Benedic anima mea dnm. *Ps. Ipsum* (103)

Antiphona. Letetur cor querentium dnm. *Ps.* Confitemini. *Diuide*
(104) ℣. Dne exaudi orationem meam. (℞.) Et clamor.
Hymnum et Pater noster. Exaudi dne ihu xpe.
Lectio. (Eccl 12, 2–3): Benefac iusto et inuenies retributionem.
magnam et si non ab ipso certe a dno. non est ei bene qui assiduus
est in malis. et elemosinam non danti. quoniam altissimus odio
habet peccatores. et misertus est penitentibus.
℞. Dne exaudi orationem meam (℣.) Et (clamor meus ad te ueniat)

UIGILIA II

Antiphona. Uisita nos dne in salutari tuo. Alleluia. alleluia. alleluia. *Ps.* Confitemini dno. II. *Diuide* (105)
Antiphona. De necessitatibus (9v) meis eripe me dne. *Ps.* Confitemini dno q(uoniam). *Diuide* (106) [9v]
Antiphona. Confitebor dno nimis in ore meo. *Ps.* Paratum cor
meum. Deus lau(dem meam) (107, 108)
Lectio. (Eph 4,29–30): Omnis sermo malus ex ore uestro. non
procedat. sed si quis bonus est ad edificationem fidei. ut det gratiam audientibus. et nolite tristari spm scm dei in quo signati estis
in die redemptionis.
℣. Confitebor dno nimis in ore meo. ℞. Et in (medio multorum
laudabo eum.)

24

(*Oratio.*) Deus cuius prouidentia in sui dispositione non fallitur.
te supplices exoramus. ut noxia cuncta summoueas. et omnia nobis
profutura concedas. per

AD MAT(UTINALES) L(AUDES)

Antiphona. Benigne fac in bona uoluntate tua dne. *Ps.* Miserere
(50)
Antiphona. In ueritate tua exaudi me dne. *Ps.* Dne exaudi oratio-
nem (142)
Antiphona. Iustus et sanctus deus noster. *Ps.* Attende ce(lum).
Diuide (Cant. Deut 32)
Antiphona. In cimbalis benesonantibus laudate dnm. *Ps.* L(au-
date) (148–150)

24: V 1186

(*Lectio.*) (Rom 16, 20): Dns autem ihs conterat satanam sub pedibus nostris uelociter. et gratia dni nri ihu xpi sit semper nobiscum. ℟. *bb*. Auditam mihi fac mane misericordiam tuam. ℣. Quia in te speraui.

[10r] *Hymnum.* Aurora iam spargit polum. terris dies illabitur (RH 1633)

℣. Repleti sumus (mane misericordia tua. ℟. Exultauimus et delectati sumus)

Antiphona. Sedentes in tenebris et umbra mortis illumina dne deus israhel. (*Ps.*) Benedictus

25

(*Oratio.*) Emitte qs dne lucem tuam in cordibus nostris. ut mandatorum tuorum legem percepta. in uia tua ambulantes nichil patiamur erroris. per

AD PRIMAM

Antiphona. Uiuit dns et benedictus deus salutis mee. *Ps.* Quoniam tu illuminas (17) *Ps.* Celi enarrant (18) *Ps.* Exaudiat (19)

26

(*Oratio.*) In hac prima hora diei. tua nos qs dne reple misericordia. ut per totum diem exulta(n)tes. in tuis laudibus delectemur. per

AD TERTIAM

Antiphona. Fiat pax in uirtute tua. *Ps.* Ad dnm dum (199–121)

27

(*Oratio.*) [10v] Esto nobis propitius deus. ut tua nos misericordia subsequatur. per

AD SEXTAM

Hymnum. Rector. (= BR)
Antiphona. Benefac dne bonis rectis corde. *Ps.* Ad te leuaui (122–124)

28

(*Oratio.*) Celeri nos qs dne pietate succurre. ut deuotio supplicantum. ad gratiarum transeat actionem. per

25: V 1582   26: ?   27: H 204,16   28: H 204,18

AD NONAM

Hymnum. Rerum. (RH 17320)
Antiphona. Beati omnes qui timent dnm. *Ps.* In conuer(tendo)
(125–127)

29

(*Oratio.*) Absolue dne qs nostrorum uincula peccatorum. et quicquid pro eis meremur propitius auerte. per

AD UESPERUM

Antiphona. Regnum tuum dne regnum omnium seculorum. *Ps.*
Ipsum (144)
Antiphona. Laudabo deum meum in uita mea. *Ps.* Lauda anima
mea (145)
Antiphona. Deo nostro iocunda sit laudatio. *Ps.* Laudate quoniam
(146)
Antiphona. Lauda hierusalem dnm. (*Ps.*) Ipsum (147)
Lectio. (Rom 11, 33–36): O altitudo diuitiarum sapientie et scientie dei. quam incomprehensibilia sunt iudicia eius. et inuestigabiles
uie eius. quis enim cognouit sensum dni. aut quis consiliarius eius
fuit. aut quis prior dedit illit et retribuetur ei. quoniam[11r]ex
ipso et per ipsum et in ipso (facta) sunt omnia. ipsi gloria et imperium in secula seculorum. amen
℞. Magnus dns noster. et magna uirtus eius. ℣. Et sapientie eius
non est numerus. *et* Gloria patri et filio.
Hymnum. O lux beata trinitas. et principalis unitas (RH 13150)
℣. Laudate dnm quoniam (bonus ℞. Quoniam in seculum misericordia eius.)
Antiphona. Sicut locutus est ad patres nostros dne recordare misericordie tue (*Ps.*) Mag(nificat)

30

Oratio. Uespertina oratio nostra ascendat ad aures clementie tue
dne sancte pater omnipotens eterne deus. et descendat gloriosa
benedictio tua super nos. ut hic et in eternum te auxiliante semper salui esse mereamur. per

29: H 204,20
30: ?

27

(HYMNARIUM)

HYMNUM DE TRINITATE   (RH 13376 AH II, 58)
[11r] O pater sancte. mitis atque pie. o ihu xpe
ALIUM HYMNUM   (RH 13863 AH XIV, 126)
[11v] O ueneranda trinitas laudanda ualde benigna
(HYMNUM IN ADUENTU DOMINI)   (RH 19079 AH XIV, 15)
[12r] Sol. astra. terra. equora. montes. colles. et sidera
(ALIUM HYMNUM)   (RH –)
[12v] O quam beatum nuntium. uirgo maria audiens. credendo
mater sit dei. et uirgo uirum nesciens.; Omnes gentes et insule.
magno triumpho plaudite. cursum ceruorum currite. redemptor
ecce iam uenit.; Discant cecorum oculi. clausu uidere luminis. noctis tenebras soluere. lumen uerum percipite.; Gens galilea et greca.
credat persa et india. dignando deus homo sit. et uerbum cum
patre manet.; Laus honor uirtus gloria. deo patri et filio. huna
cum sancto spiritu. in sempiterna secula. amen
HYMNUM AD MATUTINUM   (RH 22209 Daniel I, 76)
Uox clara ecce intonat. obscura queque increpat
HYMNUM AD UESPERUM   (RH 21386 AH XIV, 18)
[13r] Uerbum salutis omnium. patris hab ore prodiens
FERIA II. HYMNUM   (RH 21391 AH XIII, 397)
Uerbum supernum prodiens. a patre olim exiens
HYMNUM IN SANCTI NICOLAI   (RH 4278 AH XIV, 18)
[13v] Debitas laudes dno canentes mente deuota
ALIUM HYMNUM   (RH 19139 AH XIV, 19)
[14v] Sollempne tempus uertitur. quo pontifex nycolaus
ALIUM HYMNUM   (RH 17433 AH XII, 214)
[15r] Rex confessorum gloria. et martyrum uictoria
HYMNUM IN SANCTI AMBROSII   (RH 18517 AH XIV, 133)
[15v] Sancti ambrosii presulis. ymnum deo referimus
(HYMNUM IN SANCTE LUCIE)   (RH 10853 AH XIV, 22)
[16r] Lux mundi uera salus eterna. xps redemptor
HYMNUM IN SANCTI THOMEI APOSTOLI   (RH 18561 AH XIV, 24)
[16v] Sancti thomei apostoli. laudes canamus debitas
HMNUM IN SANCTI GREGORII   (RH 11277 AH XIV, 25)
[17r] Martiris en gregorii. festum sacratum colimus
HYMNUM IN NATIUITATE DOMINI   (RH 2960 AH LI, 49)

[18r] Xpe redemptor omnium. ex patre patris unice
ALIUM HYMNUM   (RH 5491 PL151,972)
[18v] Enixa est puerpera. quem gabrihel predixerat
ALIUM HYMNUM   (RH 21 Daniel I, 21)
A solis ortu cardine. et usque terre limite
ALIUM HYMNUM   (RH 21234 AH XXVII, 35)
[19r] Ueni redemptor gentium. ostende partum uirginis
ALIUM HYMNUM   (RH 1485 AH XIV, 11)
[20r] Audi redemptor gentium. natalis tuis gloria
ALLUM HYMNUM (RH 758 AH L, 85)
[20v] Agnoscat omne seculum. uenisse uite premium
ALIUM HYMNUM   (RH 19913 AH XXVII, 113)
[21r] Surgentes ad te dne. atre noctis silentio
ALIUM HYMNUM   (RH 758 AH L, 85)
[21v] Conditor alme siderum. heterna lux credentium
HYMNUM IN SANCTI STEPHANI   (RH 3219 AH II,37; XIV,27)
Xps est uita ueniens. in orbe mortis occasum patiens
ALIUM HYMNUM   (RH 19487 AH XIV, 28)
[22v] Stephano primo martyri. cantemus canticum nouum
ALIUM HYMNUM   (RH 8247 AH LI, 226)
[23r] Ymnum cantemus dno. ymnum martyris stephano
HYMNUM IN SANCTI IOHANNIS   (RH 9148 AH XXVII, 197)
[23v] Iste electus iohannes. diligendi promptior
ALIUM HYMNUM   (RH 19153 AH LI, 184)
[24r] Sollempnis dies aduenit. quo uirgo celum petiit
HYMNUM IN INNOCENTORUM   (RH 6666 AH XIV, 36)
[24v] Furis herodes impie nocere non permitteris
ALIUM HYMNUM   (RH 21379 AH XIV, 35)
Uerbum patris principium. proles beata celitus
ALIUM HYMNUM   (RH 8874 AH XIV, 36)
[25r] Infantum diem martyrum. qui nam pro xpi nomine
ALIUM HYMNUM   (RH 18344 AH L, 27)
[25v] Saluete flores martyrum. quos lucis ipso limite
HYMNUM IN SANCTI SILUESTRI   (RH 18996 AH XIV, 37)
[26r] Siluestri almi presulis. urbis rome egregie
ALIUM HYMNUM   (RH 22054 AH XIV, 38)
[26v] Uoce iocunda resonemus. omnes laudibus sacris
(HYMNUM IN OCTABA DOMINI)   (RH 1438 AH XIV, 40)

[27r] Auctor perennis glorie. qui septiformis gratie

HYMNUM IN EPIPHANIE   (RH 8073 AH XXVII, 42)

[27v] Hostis herodes impie. xpm uenire quid times

HYMNUM AD UESPERUM   (RH 9738 AH LI, 51)

[28r] Ihs refulsit omnium. pius redemptor gentium

HYMNUM AD MAT(UTINALES) L(AUDES)   (RH 8389 Daniel I, 19)

[28v]Illuminans altissimus. micantium astrorum globos

ALIUM HYMNUM   (RH 14 AH II, 80)

[29r] A patre unigenitus. ad nos uenit per uirginem

HYMNUM IN SANCTI MAURI   (RH –)

[29v] Ades(t) celebritas nobis karissimi mauri eximii. que sacris
refulget ei dignis meritis atque ornat miraculis.; Cuius nobilitas ex
(s)enatoribus cuius moris sacris claruit actibus. cuius uitam patri
sequendo erigit miraculis.; Hic est amabilis patris benedicto bonus
discipulus cuius imperio cito placido de unda rapuit.; Inter ueris-
sima sua miracula xpi potentia defuncta corpora. uite reddidit.
multos curas languidos.; Postquam discipulos suos perdocuit uitam celibes agere. xpi premisit in regno. eos post secutus est.;
Donaque petimus confessor leuita maure. felicibus uiuere actibus.
ut cum sancti pariter esse mereamur.; Presta summe pater patris et
unice amborumque simul spiritus annue qui regnas deus omnium
unus tempore seculi. amen

ALIUM HYMNUM   (RH 24447 AH XIV, 44)

[30r] Xpe sanctorum decus angelorum in polo sedes

HYMNUM IN SANCTI SEBASTIANI   (RH 18760 AH XIV, 50)

[30v] Sebastiani incliti dicatus almo sanguine

ALIUM HYMNUM   (RH 11224 AH XIV, 49)

[31r] Martyr dei egregie. intende melos glorie

HYMNUM IN SANCTE AGNE   (RH 743 AH XIV, 38)

Agnetis festum martyris deo dicate uirginis

ALIUM HYMNUM   (RH 735 AH L, 15)

[32r] Agnes beate uirginis. natalis est quo spiritum

HYMNUM IN SANCTI UNICENTII   (RH 407 AH XXVII, 255)

Adest miranda passio. leuite sancti martyris

ALIUM HYMNUM   (RH 38696 AH XLIII, 307)

[33r] Leuita uir uincentii martyrisque laudabilis

HYMNUM IN PURIFICATIO SANCTE MARIE   (RH 7042 AH LI,
144–6)

Gaude uisceribus mater in intimis felix ecclesia
ALIUM HYMNUM (RH 16881 AH L, 206)
[34r] Quod chorus uatum uenerandus olim. spiritu sancto
ALIUM HYMNUM (RH 1889 AH XXVII, 46: LI, 140)
Aue maria stella dei mater alma atque semper uirgo
HYMNUM IN SEPTUAGESIMA (RH 816 AH XXVII, 74)
Alleluia piis edite laudibus ciues etherei psallite
HYMNUM AD MATUTINUM (RH 811 AH LI, 52)
[35r] Alleluia dulce carmen uox perennis gaudii
HYMNUM IN SANCTE AGATHE (RH 11272 AH LI, 156)
Martyris ecce dies agathe uirginis emicat eximie
ALIUM HYMNUM (RH 20617 AH XIV, 57)
[36r] Triumphum sacre uirginis sancte agathe psallimus
HYMNUM IN CATHEDRA SANCTI PETRI (RH 2393 AH XIV, 48)
Beatus xpi famulus sanctus petrus apostolus
IN DOMINICA CAPUT QUADRAGESIME
HYMNUM AD NOCTURNO (RH 11420 AH XXVII, 115: LI, 3)
[37r] Medie noctis tempus est prophetica uox ammonet
HYMNUM AD MAT(UTINALES) L(AUDES) (RH 9281 AH XII, 17
LI, 63)
[38r] Iam lucis splendor rutilat. noctis fugatis tenebris
HYMNUM AD UESPERUM (RH 1612 AH LI, 61)
Aures ad nostras deitatis preces. deus inclina pietate
FERIA II . HYMNUM AD NOCTURNO (RH 5611 AH 51,55)
Ex more docti mystice seruemus en ieiunium
HYMNUM AD MAT(UTINALES) L(AUDES) (RH 1451 AH LI, 53)
[39r] Audi benigne conditor. nostras preces cum laudibus
HYMNUM AD PRIMA (RH 15175 AH XIV, 68)
Post matutina laudes quas trinitati psallimus
HYMNUM AD TERTIAM (RH 4323 AH LI, 64)
Dei fide qua uiuimus spe perenni qua credimus
HYMNUM AD SEXTA (RH 15840 AH LI, 65)
[40r] Qua xps hora sitiit. crucem uel in qua subiit
HYMNUM AD NONA (RH 20356 AH LI, 66)
Ternis ter horis numerus. fidei sacre panditur
HYMNUM AD SEXTA (RH 11506 AH LI, 65)
Meridie orandum est. xps deprecandus. ut iubeat

HYMNUM AD NONA   (RH 14835 AH XXVII, 105 LI, 16)
Perfecto trino numero. ternis orarum terminus
ALIUM HYMNUM   (RH 4418 AH XIV, 68)
Deus scandorum luminis. quesumus sancte spiritus
HYMNUM AD UESPERUM   (RH 18931 AH LI, 67)
[41r] Sic ter quaternis trahitur. horis dies ad uesperum
HYMNUM IN SANCTI GREGORII PAPE   (RH 11038 AH XIV, 61)
Magnus miles mirabiles multis effulgens meritis
ALIUM HYMNUM   (RH 1079 AH XXII, 118; XLVIII, 45)
[41v] Anglorum iam apostolus. nunc angelorum socius[1]
ALIUM HYMNUM (RH –)
[42r] O pontifex egregie. lux et decus ecclesie. non sinas in peri-
culis. quos tot mandatis instruis.; Mella corda dulcantia. tua
distillant labia. flagrantum uim aromatum tuum uincit eloquium.;
Scripture sacre mistyca. mire soluis enigmata. theorica misteria.
te docet ipsa ueritas.; Tunc actus apostolicam. uicem simul et
gloriam. nos solue culpe nexibus. redde populorum sedibus.; Sit
pater laus ingenito. sit decus unigenito. sit utriusque parili. maie-
stas summa flammini. amen
HYMNUM IN SANCTE SCOLASTICE   (RH 7920 AH XIV, 58)
Hodie sacratissima uirgo xpi scolastica
HYMNUM IN SANCTI BENEDICTI   (RH 6553 AH L, 118)
[43r] Fratres alacri pectore uenite concentum pari
ALIUM HYMNUM   RH 3006 (AH XIV, 63–5)
[44r] Xps sanctorum decus atque uirtus uita et forma
ALIUM HYMNUM   (RH 8192 bzw. 12594)
[44v] Nunc soror sacra nimium sequendo
ALIUM HYMNUM   (RH 11010 AH LI, 168)
[45r] Magno canentes annua nunc benedicto cantica
HYMNUM IN ANNUNTIATIO SANCTE MARIE   (RH 16347 AH
L, 86)
Quem terra pontus ethera. colunt adorant predicant
ALIUM HYMNUM   (RH 4494 AH LI, 142–4)
[46r] Deus qui mundum crimine. iacentem filii tui
HYMNUM AD UESPERUM   (RH 21481 AH L, 74)
[47r] Uexilla regis prodeunt fulgens crucis mysterium

---

[1] Dieser und der folgende Hymnus von etwas späterer Hand.

HYMNUM AD NOCTURNO   (RH 14481 AH XXVII, 42: L, 713)
Pange lingua gloriosi prelium certaminis
ALIUM HYMNUM   (RH 4019 Daniel I, 163)
[48r] Crux fidelis inter omnes. arbor una nobilis
HYMNUM IN PALMAS   (RH 11014 AH LI, 73–5)
Magno salutis gaudio letetur omne seculum
ALIUM HYMNUM   (RH 2748 AH XIV, 70)
[49v] Celsa salutis gaudia mundus fidelis iubilet
ALIUM HYMNUM   (RH 8265 AH LI, 76)
[50r] Ymnum dicamus dno fratres deo cum cantico
HYMNUM IN RESURRECTIO DOMINI AD NOCT. (RH 7793 AH L, 16)
Hic est dies uerus dei. sancto serenus lumine

Lücke

HYMNUM IN SANCTI GEORGII   (RH 7271 AH XIV, 76)
[51r] Gesta sanctorum martyrum meminere iocundum est
HYMNUM IN SANCTI MARCI   (RH 6234 AH XIV, 281)
Festum beati martyris odis colamus consonis quem misit
[51v]
HYMNUM IN SANCTE CRUCIS   (RH 18986 Daniel I, 259)
Pange lingua. *Al.* Crux fidelis. *Al.* Et uexilla re[1].
Signum crucis mirabile olim per orbem prenitet
ALIUM HYMNUM   (RH 1272 AH XIV, 82)
[52r] Arbor salue sanctissima beata crux gloria
HYMNUM IN SANCTI ANGELI   (RH 3000 AH L, 197)
Xpe sanctorum decus angelorum. rector humani generis
ALIUM HYMNUM   (RH 8396 AH XIV, 83)
Illuminauit hunc diem. rerum creator omnium
ALIUM HYMNUM   (RH 20455 AH L, 207)
[53r] Tibi xpe splendor patris. uita uirtus cordium
HYMNUM IN ASCENSA DOMINI AD UESPERUM   (RH 6264 Daniel
I, 217)
Festum nunc celebre magnaque gaudia compellunt
ALIUM HYMNUM   (RH 6663 AH XIV, 89)
[54r] Funeris uictor triduo resurgens sustulit sanctos

[1] Nur Initien

ALIUM HYMNUM   (RH 14177 AH LI, 92)
Optatus uotis omnium sacratus ille per dies
ALIUM HYMNUM   (RH 9219)
[55r] Iam xps ascendit polum. necauit ante funera
HYMNUM IN PENTECOSTEN   (RH 5555 AH XIV, 90, L, 63)
Et hoc supernum munus est quod lingua linguis militans
ALIUM HYMNUM   RH 2339 AH XXVII, 99: LI, 97)
[56r] Beata nobis gaudia anni reduxit orbita
HYMNUM AD MATUTINUM   (RH 9216 AH LI, 98)
Iam xps astra ascenderat. regressus unde uenerat
HYMNUM AD UESPERUM   (RH 21201 AH L, 193)
Ueni creator spiritus. mentes tuorum uisitans
HYMNUM IN SANCTI UINCENTII   (RH 37367 AH XLIII, 305)
[57r] Festus sacratus martyrum dies duorum inclitum
HYMNUM IN SANCTI CLEMENTI   (RH 3396 AH XIV, 178:
XXVII, 145–8)
Clementis festum. celebratur hodie. uenite pleues
HYMNUM IN SANCTI UITI   (RH 311 AH XIV, 87)
[58v] Ad uiti beatissimi gloriam xpi martyris
ALIUM HYMNUM   (RH 819 AH XIV, 94(2)
[58'r] Alma beati martyris. uiti canamus trophea
HYMNUM IN SANCTI ERASMI   (RH 17474 AH XIV, 92)
Rex metuende omnium. creator festa sacrata
HYMNUM IN SANCTI IOHANNIS BAPTISTE   (RH 21039 AH
L, 120–2)
[59r] Ut queant laxis resonare fibris mira gestorum
HYMNUM IN SANCTORUM GERUASI ET PROTASI   (RH 7359 Da-
niel I, 47)
Grates tibi ihm nouas. noui reperta luminis
HYMNUM IN SANCTE FELICITAS   (RH 14929 AH XIV, 129)
[60r] Pio feramus pectore. gratis deo perenniter
HYMNUM IN DECOLLATIO SANCTI IOHANNIS   (RH 19777 AH
XIV, 114)
[60v] Summum percurrit oraculum dies in anno maximus
ALIUM HYMNUM   (RH 1361)
Assertor equi non ope regia nec morte dura linquere
HYMNUM IN SANCTI PETRI   (RH 1596 AH LII, 246)
[61r] Aurea luce et decore roseo lux lucis omnem perfudisti

HYMNUM AD UESPERUM   (RH 6060 AH L, 141–3)

[61v] Felix per omnes festa mundi cardines apostolorum

ALIUM HYMNUM   (RH 1231 AH L, 17)

[62v] Apostolorum passio diem sacrauit seculi petri triumphum

HYMNUM IN SANCTI PAULI   (RH 5889 AH XIV, 101)

[63r] Exultet orbis ambitus pauli triumphum nobilis

HYMNUM (IN SANCTI IOHANNIS BAPTISTE).

AD MAT.   (RH 915   AH II, 103; XXVII, 195)

[64r] Almi prophete progenies pia clarus parente

Lücke

HYMNUM IN SANCTI QUIRICI   (RH 917 AH XIV, 102)

Almi triumphum quirici. nec non iuliata pangimus

HYMNUM IN SANCTI APOLLINARIS   (RH 6142 AH XIV, 103)

[65r] Festa sacrata presulis apollinaris martyris

ALIUM HYMNUM   (RH 17690 AH XIV, 105)

Sacri xpe pontificis apollinaris martyris festum sacratum

HYMNUM IN TRANSFIGURATIO DOMINI   (RH-)

[66r] O stator rerum reparator eui. xpe rex regum metuende cen-
sor. tu preces nostras pariterque laudes suscipe grates.; Noctis
encursu tibi uota laudum pangimus. presta tibi sint ut abta nosque
consensu refoue perennis luminis auctor.; Inter heliam moysemque
uates ut iubes solis facie refulgens candidas uestes niuis instar almis
aure serasti.; Tu dei patris patre teste proles tuque sanctorum decus angelorum tu salus mundi uia uita. uirtus crederis esse.; Da
dies nobis probitate faustos mortis ignaram tribuendo uitam semper ut nostros tua sit peractus gloria perpes.; Uere cor nostrum
iecur atque lumbos igne diuino uigilesque noctes semper ardentes
manibus lucernas ut teneamus.; Esto [66v] tu noster cibus atque
potus laboris uirtus. requies amictus. libor absistat. tumor. ira.
luxus. meror. et omnis.; Lumen infunde tenebras repelle. tu fer
infesti laqueos celi dri uincla dissolue[ns] scelerum. fer astra
scandere nobis.; Gloria uirtus tibi sit creator cunctaque solus re-
tines gubernas in throno regni sine fine regnas. ternus et unus

ALIUM HYMNUM   (RH 13297 AH LI, 107)

O nata lux de lumine. ihu redemptor seculi. dignare

HYMNUM IN SANCTI XISTI   (RH 10983 AH XIV, 106)
[67r] Magni palmam certaminis. inuicta fides contulit
HYMNUM IN SANCTI LAURENTII   (RH 4542 AH XIV, 107)
Deuota mente socii. preces fundamus martyri
ALIUM HYMNUM   (RH 11268 AH LI, 193)
[68r] Martyris xpi colimus triumphum. annuum tempus
HYMNUM IN SANCTE MARIE AD UESPERUM   (RH 16754 AH XIV, 107; L, 123)
Quis possit amplo famine prepotens digne fateri
ALIUM HYMNUM AD UESPERUM ET AD NOCTURNO   (RH 188 AH XIV, 109)
[69r] Ad laude sancte marie eterne sacre uirginis
(ALIUM HYMNUM)   (RH 12610 AH XIV, 109)
Nunc tibi uirgo uirginum. laudes ferimus carminum
HYMNUM AD MAT· L(AUDES)   (RH 6346 Daniel I, 21)
Fit porta xpi peruia. (*nur Initium*)
HYMNUM IN SANCTI BARTHOLOMEI   (RH 183 AH XIV, 113)
[70r] Ad laudem xpi procerum. cunctorum fratrum concio
ALIUM HYMNUM   (RH 7180 AH XIV, 113)
Gaudium mundi. xpe lux sanctorum. celi qui regna contulisti
HYMNUM IN SANCTI DONATI   (RH 19345 AH XXII, 107)
[71r] Splendor diei rutilat. dictatus fratrum sanguine
ALIUM HYMNUM   (RH 3045 AH XXII, 106)
Xpi caterua peruigil. suaui modulamine. ymnum canamus dno
HYMNUM IN SANCTI MAURICII   RH 384 AH XIV, 116)
[72r] Adest dies perfulgida. coruscans tot prodigiis
ALIUM HYMNUM (IN SANCTI IUSTINI)   (RH 426 AASS 11.I, 430)
[73r] Adest sacra festiuitas. in qua tulit discrimina
HYMNUM IN HONORE OMNIUM SANCTORUM   (RH 2953 AH XIV, 123)
Xpe qui uirtus sator et uocaris. cuius hornatus pietate
HYMNUM AD MAT· L(AUDES)· (IN SANCTI MARTINI)   (RH 8651 AH XII, 186)
[74r] In laude martini deus. te laudat omnis grex tuus
ALIUM HYMNUM   (RH 2972 AH XIV, 124)
Xpe rex noster. uia lux. salusque. qui piis dignam
HYMNUM IN NATALE CONFESSORUM   (RH 19664 AH XXVII, 260-2)

[75r] Summe confessor. sacer et sacerdos temporum meta
ALIUM HYMNUM   (RH 9136 AH LI, 134)
Iste confessor dni sacratus. festa plebs cuius celebrat
HYMNUM IN SANCTE CECILIE   (RH 184 Daniel IV, 143)
[76r] Ad laudem xpi uirginis. et martyris cecilie
HYMNUM AD NOCTURNO ET AD UESTERUM   (RH 68607 AH L,
XXVII, 145–8)
Clementis festum. celebratur hodie. uenite pleues
HYMNUM IN SANCTI ANDREE   (RH 4312 AH XXVII, 132)
[77v] Decus sacrati nominis. nomenque uitam exprimens

(HYMNUM IN NAT. PLURIMORM MARTYRUM)   (RH 1867 AH 204)
[78r] Sanctorum meritis inclita. gaudia pangimus socii gesta
ALIUM HYMNUM AD MAT.   (RH 17453 AH AH II, 75: XXVII,
45; LI, 128)
Rex gloriose martyrum. corona confitentium
ALIUM HYMNUM AD UESPERUM   (RH 17644 AH XIV, 138)
[79r] Sacra piorum martyrum festa nunc instat annua
HYMNUM DE MARTYRUM AD NOCT.   (RH 4534 AH XXVII, 45:
LI, 130)
Deus tuorum militum. sors et corona et premium
HYMNUM AD MATUTINUM   (RH 11228 AH XXVII, 45: 273:
LI, 129)
Martyr dei qui unicum. patris sequendo filium
HYMNUM AD UESPERUM   (RH 775 AH XIV, 112)
Agonitheta nobilis. cultorque summi numinis [79v]

Lücke

(CANTICA)

[. . . . .]

(Is 66, 10–66) (Letamini cum hierusalem et exultate in ea) [80r] omnes qui diligitis eam.; Gaudete gaudio omnes qui lugebatis super ea. ut potemini a lacte. et satiemini ab uberibus consolationis eius.; Ut cum auulsi fueritis a lacte epulemini ab introitu glorie eius.; Quia hec dicit dns. ecce declino in uos ut flumen pacis. ut torrens inundans gloria potentium.; Pueri eorum in humeris portabuntur. et super genua consolabuntur; Quemammodum mater consolatur filios suos. ita ego uos consolabor et in hierusalem consolabimini.; Et uidebitis et letabitur cor uestrum. et ossa uestra sicut herba germinabunt. et comminabitur contumacibus.; Ecce dns ut ignis ueniet. et ut tempestas currus eius.; Reddere in ira uindictam. et uastatione in flamma ignis.; In igne enim dni iudicabitur omnis terra. et in gladio eius omnis caro.;[1] Gloria patri et (filio) .

(Is 26, 1–12) Urbs fortitudinis nostre syon. saluator ponetur in ea murus et ante [80v] muralem.; Aperite portas. et ingreditur gens iusta custodiens ueritate. et uetus error abiit. seruabis pacem quia in te sperauimus.; Speratis in dno in seculis eternis. in dno deo forti im[per]perpetuum.; Quia incuruabit habitantes in excelso. ciuitatem sublimen humiliabit.; Humiliabit eam usque ad terram. detrahet eam usque ad puluerem.; Et conculcabit eam pes pauperis. gressus egenorum.; Semita iusti recta est. rectus callis iusti ad ambulandum. et in semita iudiciorum tuorum dne sustinuimus te. nomen tuum. et memoriale tuum in desiderio anime.; Anima mea desiderauit te in nocte. sed et spiritus meus imprecordiis meis.; De mane uigilabo ad te cum feceris iudicia tua in terra. iustitiam discent habitatores orbis.; Misereatur impio. et non discent facere iustitiam in terra sanctorum iniqua gessit. et non uidebit gloriam [81r] dni.; Dne exaltetur manus tua et non dicant. uideant et confundantur zelantes populi. et ignis hostes tuos deuoret.; Dns dabis pacem nobis. omnia enim opera nostra operatus es nobis[2].

---

[1] VL-Text!
[2] Vg-Text mit Varianten und Fehlern

CANTICUM IN QUADRAGESIMA

(Jer 14, 17–21) Deducant oculi mei lacrimas per diem et noctem. et non taceat pupilla oculi mei.; Quoniam contritione magna contrita est uirgo filia populi mei. plaga pessima uehementer.; Si egressus fuero ad agros. ecce occisi gladio. et si introiero in ciuitatem. ecce attenuati fame. propheta namque et sacerdotes abierunt in terram quam ignorabant.; Numquid proiciens abiecisti iudam. aut syon habhominata est anima tua.; Quare ergo percussisti nos. ita ut nulla sit sanitas.; Expectauimus pacem. et non est bonum. tempus curationis et ecce turbatio.; Cognouimus dne impietates nostras et iniquitates patrum nostrorum quia pecca[81v]uimus tibi.; Ne nos des in obprobium propter nomen tuum. neque facias nobis contumeliam.; Solii glorie tue recordare. ne irritum facias fedus tuum nobiscum³.

(Thre 5, 1–7.15–19) Recordare dne quid acciderit nobis. intuere et respice opprobrium nostrum.; Hereditas nostras uersa est ad alienos. domus nostre ad extraneos.; Pupilli facti sumus absque patre. matres nostre quasi uidue.; Aquam nostram pecunia bibimus. ligna nostra pretio comparauimus.; Ceruicibus minabamur lapsis. non dabatur requies.; Egipto dedimus manum et asyriis. ut saturemur panem.; Patres nostri peccauerunt et non sunt. et nos iniquitates eorum portauimus.; Defecit gaudium cordis nostri. uersus est in luctum chorus noster.; Cecidit corona capitis nostri. ue nobis quia peccauimus.; Propterea mestum est cor nostrum. ideo contenebrati sunt oculi nostri propter montem syon quia disperiit.; Tu autem dne in eternum permanes. solium (tuum in generationem et generationem.)⁴

Lücke in der Handschrift

[. . . . .]
(Ose 6,3 3–6) [. . .] (Quasi dilu-)[82r]culo preparatus est egressus eius. et ueniet quasi imber nobis temporaneus. et serotinus terre.; Quid faciam tibi effraim. quid faciam tibi iuda.; Misericordia uestra quasi nubes matutina. et quasi ros mane pertransiens.;

³ VL-Text, der Vg angeglichen
⁴ reiner Vg-Text

Propter hoc dolui in prophetis. et occidi eos in uerbis oris mei. et iudicia mea quasi lux egredientur.; Quia misericordiam uolui et non sacrificium. et scientiam dei plus quam holocaustum. gloria⁵.

(Soph 3,8–13) Expecta me dicit dns in die resurrectionis mee. in futurum quia iudicium meum ut congregem gentes. et colligam regna.; Et effundam super eos omnem indignationem meam. et omnem iram furoris mei.; In igne enim zeli mei deuorabitur omnis terra. quia tunc reddam populis labium electum ut uocent omnes in nomine dni. et seruiant ei humero uno.; Ultra flumina ethyopie inde supplices mei fili dispersorum meorum [82v] deferent munus mihi.; In die illa non confunderis super cunctis adinuentionibus tuis. quibus preuaricata es in me.; Quia tunc auferam de medio tui magniloquos superbie tue. et non adicies exaltari amplius in monte sancto meo.; Et derelinquam in medio tui populum pauperem et egenum. et sperabunt in nomine dni reliquie israhel.; Non facient iniquitatem nec loquentur mendacium. et non inuenietur in ore eorum lingua dolosa.; Quoniam ipsi pascentur et accubabunt. et non erit qui exterreat.; gloria⁶.

CANTICUM DE PLURIMORUM MARTIRUM

(Is 61, 6–9) Uos sancti dni uocabimini. ministri dei nostri.; Dicetur uobis fortitudinem gentium commedetis. et gloria eorum superbietis.; Pro confusione uestra dupplici. et rubore laudabunt partes eorum.; Propterea in terra sua duplicia possidebunt. letitia sempiterna erit eis.; Quia ego dns diligens iudicium. et odio [83r] habens rapinam in holocaustis.; Et dabo opus eorum in ueritate. et fedus perpetuum feriam eis.; Et scietur in gentibus semen eorum. et germen eorum im medio populorum.; Omnes enim qui uiderint eos cognoscent illos. quia isti sunt semen cui benedixit dns⁷.;

(Sap 10, 17–20) Reddet deus mercedem laborum sanctorum suorum. et deducet illos in uiam mirabilem.; Et fuit illis in uelamentum diei. et in lucem stellarum nocte.; Transtulit illos mare ru-

⁵ Vg-Text, kaum Varianten (holocaustum)
⁶ Vg-Text
⁷ VL-Text

brum. et transuexit illos per aquam nimiam.; inimicos autem illorum demersit im mare. et ab altitudine inferorum eduxit illos.; Ideo iusti tulerunt spolia impiorum. et decantauerunt dne nomen sanctum tuum.; Et uictricem manum tuam. laudauerunt pariter. dne deus noster. Gloria[8]

(Sap 3, 7–9) Fulgebunt iusti et tamquam scintille. in arundineto discurrent.; Iudicabunt nationes et dominabuntur populis. et regnabit dns [83v] illorum im perpetuum[9].; Qui autem sperant in dno intellegit bonitatem et fideles in dilectiones acquiescent illos.; Quoniam donus(!) est. et pax electis eius.; Gloria[10]

CANTICUM DE UNIUS MARTIRIS SIUE CONFESSORIS

(Eccli 14, 22; 15, 3–4.6) Beatus uir qui in sapientia morabitur. et qui in iustitia meditabitur. et in sensu cogitauit circumspectionem dei.; Cibauit illum panem uite et intellectus. et aqua sapientie salutaris potauit illum.; Firmabitur in illo et non flectetur. et continebit illum apud proximos suos. et nomine eterno hereditabit illum dns deus noster.; Gloria[11]

(Jer 17, 7–8) Benedictus uir qui confidit in dno. et erit dns fiducia eius.; Et erit tamquam lignum quod plantata est secus decursus aquarum. quod ad humorem mittit radices suas. et non [84r] timebit cum uenerit estus.; Sed erit folium eius uiride. et in tempore siccitatis nun erit sollicitum. nec aliquando desinet facere fructum.; Gloria[11]

(Eccli 31, 8–11) Beatus uir qui inuentus est sine macula. et qui post aurum non habiit. nec sperauit im pecunie thesauris,; Quis est hic et laudabimus eum. fecit enim mirabilia in uita sua.; Qui potuit transgredi et non est transgressus. et facere malum et non fecit.; Ideo stabilita sunt bona illius in dno. et elemosinas illius enarrabit omnis ecclesia sanctorum.; Gloria[12]

---

[8] Vg-Text
[9] Es folgt Rasur von zwei Zeilen
[10] Vg-Text (1. Hälfte), VL-Text (nach Rasur)
[11] Vg-Text (mit Varianten)
[12] Vg-Text (mit Varianten)

(Eccli 39, 17–21) Audite me diuini fructus. et quasi rosa plantata super riuos aquarum fructificate.; Quasi libanus odorem suabitatis habete. florete flores quasi lilium date odorem.; Et frondete in gratiam. et collaudate cantico. et benedicite dnm in operi [84v] bus suis.; Date nomini eius magnificentiam. et confitemini illi in uoce labiorum uestrorum.; In canticis labiorum et citharis. et sic dicetis in confessione opera dni uniuersa bona ualde.; Gloria[13]

(Soph 3, 14–20) Lauda filia syon. iubila israhel letare. et exulta in omni corde filia hierursalem.; Abstulit dns iudicium tuum ante inimicos tuos. rex israhel dns im medio tui. non timebis malum ultra.; In die illa dicetur hierusalem noli timere. syon non dissoluantur manus tue.; Dns deus tuus fortis im medio tui ipse saluabit te. gaudebit super te in letitia.; Sedebit in dilectione tua. et exultabit super te in laude.; Nugas quia lege recesserant congregabo qui ex te erunt. ut non ultra habeas super eis opprobrium.; Ecce ego interficiam omnes qui afflixerant te in tempore illo. et saluabo claudicantem. et ea que electa fuerant congregabo.; Et ponam eos in laudem. et in nomen in omni terra confusionis eorum.; In [85r] tempore quo adducam. et in tempore quo congregabo uos.; Dabo enim uos in laudem. et in nomen in omnibus populis terre. cum conuertero captiuitatem uestra(m) coram oculis uestris dicit dns.; Gloria[14]

(Zach 2, 10–13) Gaude et letare filia syon. quia ecce ego ueniam et habitabo in medio tui dicit dns.; Et applicabuntur gentes multe ad dnm in die illa. et erunt michi im populum. et habitabo im medio tui. et scies quia dns exercituum misit me ad te.; Et possidebit dns iudam partem suam in terra sanctificata. et eliget adhuc in hierusalem.; Sileat omnis caro a facie dni. quia consurrexit de habitaculo suo.; Gloria[14]

[13] Vg-Text
[14] Vg-Text (mit Varianten)

IN NOMINE DOMINI INCIPI(UN)T LEC(TIONES)

INPRIMIS DE ADUENTU DOMINI [85r]

(Is 2, 2–3): Et erit in nouissimis diebus preparatum mons domus dni in uertice montium. et fluent ad eum omnes gentes. et ibunt populi [85v] et dicent. uenite ascendamus in montem dni. et ad domum dei iacob. et docebit nos uias. et ambulabimus in semitis eius. quia de syon exibit lex et uerbum dni de hierusalem.

Alia lectio. (Is 11, 1–3): Egredietur uirga de radice iesse et flox de radice eius ascendet. et requiescet super eum spiritus dni. spiritus sapientie et intellectus. spiritus consilii et fortitudinis. spiritus scientie et pietatis. et repleuit eum spiritus timoris dni.

Alia lectio. (Is 40, 9–10): Super montem excelsum ascende tu qui euangelizas syon. exalta in fortitudine uocem tuam qui euangelizas hierusalem. exalta noli timere. dic ciuitatibus iude. ecce dns deus in fortitudine ueniet. et brachium eius dominabitur. ecce merces eius cum eo et opus illius coram ipso.

Alia lectio. (Is 40, 3–5): Uox clamantis in deserto. parate uiam dno. rectas facite semitas dei nostri. omnis uallis implebitur. et omnis mons et collis humiliabitur. et erunt praua in directa et asperas [86r] in uias planas. et reuelabitur gloria dni et uidit omnis caro pariter quod hos dni locutus est.

Alia lectio. (Is 62, 1–2): Propter syon non tacebo. et propter hierusalem non quiescam. donec egrediatur. ut splendor iustus eius. et saluator eius ut lampadas accendatur. et uidebunt gentes iustum tuum. et cunctis res(!) inclitum tuum. et uocabitur tibi nomen nouum quod hos dni nominauit.

Alia lectio. (Jer 33, 14–16): Ecce dies ueniunt dicit dns. et suscitabo dauid germen iustum. et regnauit rex et sapiens erit. et faciet iudicium et iustitiam in terra. in diebus illis. saluabitur iuda. et israhel habitauit confidenter et hoc est nomen quod uocabunt eum dns iustus noster.

Alia lectio. (Gen 49, 10): Non auferetur sceptrum de iuda. et dux de femore eius donec ueniat qui mittendus est. et ipse erit expetatio gentium.

Alia lectio. (Gen 49, 11–12): Ligans ad uineam pullum suum. et uite o fili asinam suam. lauauit uino stolam suam et sanguine uue pallium [86v] suum. pulchriores sunt oculi eius uino et dentes eius lacte candidiores.

Alia lectio. (Is 7,14–15): Ecce uirgo in utere concipiet. et pariet filium. et uocabitur nomen eius hemmanuel. butirum et mel comedet. ut sciat reprobare malum et eligere bonum.

Alia lectio. (I Cor 4, 5): Fratres. Nolite itaque ante tempus iudicare. quoadusque ueniad dns qui et illuminauit abscondita tenebrarum. et manifestauit consilia cordium. et tunc laus erit unicuique a deo.

Alia lectio. (Phil 4, 4–5): Gaudete in dno semper iterum dico gaudete. modestia uestra nota sit omnibus hominibus. dns prope est.

Alia lectio. (Is 19, 20–21): In diebus illis. clamabunt ad dnm a facie tribulantis. et mittet eis saluatorem et propugnatorem qui liberet. et cognoscetur dns ab egypto. et cognoscent egypzi in die illa.

Alia lectio. (Is 35, 3–4): Confortate manus dissolutas et genua debilia roborate. dicite pusillani[87r]mes confortamini nolite timere. ecce deus noster ultionem adducet retributionis. deus ipse ueniet et saluabit nos.

LECTIO IN UIGILIIS DOMINI

(Rom 1, 1–3): Fratres. paulus seruus ihu xpi uocatus apostolus. segregatus in euangelio dei. quod ante promiserat per prophetas suos in scripturis sanctis de filio suo. qui factus est ei exemine dauid secundum carnem.

LECTIO IN NATALE DOMINI

(Is 9, 2): Populus gentium qui ambulabat in tenebris. uidit lucem magnam. habitantibus in regione umbre. mortis lux orta est eis.

Alia lectio. (Is 9, 6–7): Paruulus enim natus est nobis. et filius datus est nobis. et factus est principatus super humerum eius. et uocabitur nomen eius. ammirabilis consiliarius. deus fortis. pater futuri seculi. princeps pacis. multiplicabitur eius imperium et pacis non erit finis.

Alia lectio. (Is 9, 7): Super solium dauid et super regnum eius ut confirmet illud et corroboret. in iudicio et iustitia. amodo et usque in [87v] sempiternum. zelus dni exercituum faciet hec.

Alia lectio. (Is 40, 1–2): Consolamini consolamini popule meus. dicit deus uester loquimini ad hierusalem et aduocate eam quoniam completa est malitia eius. dimissa est iniquitas illius. suscepit de manu dni duplicia. pro omnibus peccatis sui.

Alia lectio. (Is 51,9): Consurge consurge induere fortitudinem brachium dni. consurge sicut in diebus antiquis. et in generationibus seculorum.

Alia lectio. (Hebr. 1, 1–2): Fratres. Multipharie multisque modis. olim deus loquens patribus in prophetis. nouissime diebus istis. locutus est nobis in filio. quem constituit heredem uniuersorum. per quem fecit et secula.

Alia lectio. (Tit 2, 11–13): Karissime. apparuit gratia saluatoris omnibus hominibus erudiens nos. ut abnegantes impietate secularia desideria. sobri et iuste. et pie uiuamus in hoc seculo. expectantes beatam spem et aduentum glorie magni dei et saluatoris nostri ihu xpi.

Alia lectio. (Tit 3, 4–5): Karissime. apparuit benignitas. et humanitas saluatoris nostri dei. non ex operibus iustitie que fecimus nos. sed secundum suam misericordiam saluos nos fecit.

LECTIO IN SANCTI STEPHANI [88r]

(Act 6, 8–10): In diebus illis. stephanus autem plenus gratia et fortitudine. faciebat prodigia et signa magna in populo. surrexerat autem quidam de sinagoga que appellabatur libertinorum. et cyrensium. et alexandrinorum. et eorum qui erant a cilicia. et asya. disputantes cum stephano. et non poterant resistere sapientie et spiritui qui loquebatur in eo.

Alia lectio. (Act 7, 55–56): Cum autem esset stephanus plenus spiritu sancto. intendens in celum uidit gloria dei. et ihm stantem a dextris dei et ait. ecce uideo celos apertos et filius hominis stantem a dextris dei.

Alia Lectio. (Act 7, 57–60): Exclamantes autem uoce magna continuerunt aures suas et impetum fecerunt unanimiter in eum. et

eicientes eum extra ciuitatem lapidabant. et testes deposuerunt
uestimenta sua secus pedes adolescentis qui uo[88v]cabatur saulus.
et lapidabant stephanum inuocantem et dicentem dne ihu accipe
spiritum meum et cum hoc dixisset obdormiuit in dno.

LECTIO IN SANCTI IOHANNIS

(Eccl 15, 1–3): Qui timet deum facit bona et qui continens est
iustitie apprehendit illa. obuiauit illi quasi mater honorificata. cibauit illum pane uite. et intellectus et aqua sapientie salutaris potauit illum dns deus noster.
Alia lectio. (Eccli 15, 5–6): In medio ecclesie aperuit hos eius. et
impleuit eum spiritus sapientie et intellectus et stolam glorie in-
duit eum. iocunditatem et exultatione thesaurizauit super eum et
nomine eterno hereditauit illum dns deus noster.

LECTIO INNOCENTORUM

(Apoc 14, 1): In diebus illis, uidit supra montem syon agnum
stantem. et cum eo centum quadraginta quattuor milia habentes
nomen eius. et nomen patris eius scriptum in frontibus suis.
Alia lectio. (Apoc 14, 3): Cantabant sancti quasi canticum nouum
ante sedem dei. et ante quattuor animalia et seniores. et nemo
poterat [89r] dicere canticum nisi illa centum quadraginta quattuor milia qui empti sunt de terra.
Alia lectio. (Is 60, 8; Apoc 14, 4): Qui sunt isti qui ut nubes uolant.
et sicut columbe ad fenestras suas. hi sunt qui cum mulieribus non
sunt coinquinati. uirgines enim sunt et sequuntur agnum quocum-
que hierit.

LECTIO IN EPIPHANIA [89r]

(Is 60, 1–2): Surge illuminare hierusalem quia uenit lumen tuum.
et gloria domini super te horta est. quia ecce tenebre operient terram. et caligo populi super te autem orietur dns et gloria eius in
te uidebitur.

46

Alia lectio. (Is 60, 4–5): Leua in circuitu oculos tuos et uide omnes histi congregati sunt uenerunt tibi. filii tui de longe uenient. et filie tue de latere consurgent. tunc uidebis et affluens et mirabitur et dilatabitur cor tuum.

Alia lectio. (Is 60, 5–6): Quando conuersa fuerit ad te multitudo maris. fortitudo gentium uenerit tibi. inundatio camelorum operiet te. dromedarii madian. [89v] et ephat. omnes de saba uenient. aurum. et thus deferentes. et laudem dno annuntiantes.

Alia lectio. (Is 43, 5–6): Ab oriente adducam semen tuum. et ab occidente congregabo te et dicam aquiloni da. et austro noli prohibere. affer filios meos de longinquo. et filias ab extremis terre.

LECTIO IN QUADRAGESIME

(2 Cor 6, 1): Fratres. hortamur uos. ne in uacuum gratia dei recipiatis. ait enim tempore accepto exaudiuit te. et in die salutis adiuui te. ecce nunc tempus acceptabile. ecce nunc dies salutis. nemini dantes ullam offensionem. ut non uituperetur ministerium uestrum. sed in omnibus exibeamus nosmetipsos sicut dei ministros in multa patientia.

Alia. (Joel 2, 12–14): Hec dicit dns. Conuertimini ad me in toto corde uestro. in ieiunio. et fletu. et planctu. et scindite corda uestra. et non uestimenta. et conuertimini ad dnm deum uestrum. quia benignus et misericors est. patiens et multe (misericordie . . .) [. . .][1]

(Joel 2, ?–13): . . . [90r] misericors. prestabilis super malitia.

Alia lectio. (Is 55, 6–7): Querite dnm dum inueniri potest. inuocate eum dum prope est derelinquat impius uiam suam. et uir iniquus cogitationes suas. et reuertatur ad dnm et miserabitur eius. et ad deum nostrum quoniam multum est ad ignoscendum.

Alia lectio. (Joel 2, 17): Inter uestibulum et altare plorabant sacerdotes ministri dicentes. parce dne parce populo tuo. et ne des hereditatem tuam in opprobrium ut non dominentur eis nationes.

Alia lectio. (Joel 2, 17–19): Quare dicunt in populis ubi est deus eorum. zelatus est dns terram suam. et pepercit populo suo. et

---

[1] Lücke von mindestens 2 Blättern; von dem ersten ist noch ein Rest (mit Text) vorhanden.

respondit dns et dixit populo suo. ecce ego mittam uobis frumentum et uinum et oleum. et replebimini in eis. et non dabo uos ultra opprobrium in gentibus ait dns omps.

Alia lectio. (Is 58, 7–9): Frange esurienti panem tuum. et ege [90v]nos uagosque induc in domum tuam. cum uideris nudum operi eum. et carnem tuam ne despexerit. tunc erumpe quasi mane lumen tuum. et sanitas tua citius orietur. et anteibit faciem tuam iustitia. et gloria dni colliget te. tunc inuocabis et dns exaudiet te. clamabis et dicet ecce adsum quia misericors (s)um dns deus tuus.

Alia lectio[1]. (Is 1, 16–18): Hec dicit dns. lauamini mundi estote, auferte malum uestrarum ab oculis meis. quiescite agere peruersa discite benefacere querite iudicium subuenite oppressos. iudicate pupillo. defendite uiduam. uenite et arguite me dicit dns.

Alia lectio. (Is 58. 1–2): Clama ne cesses quasi tuba exalta uocem tuam. et annuntia populo meo scelera eorum. et domini iacob peccata eorum. me etenim de die in diem querunt. et scire uias meas nolunt. quasi gens que iustitiam fe[91r]cerit. et iudicium dei sui non derelinquerint.

Alia lectio. (Dan 3, 41–43): Nunc sequimur te dne in toto corde nostro et timemus te. et querimus faciem tuam ne confundas nos. sed fac nobiscum iuxta mansuetudinem tuam. et secundum multitudine misericordie tue. et erue nos in mirabilibus tuis. et da gloria nomini tuo dne deus noster.

Alia lectio. (Joel 2, 14): Quis scit si conuertatur et ignoscat deus. et reuertatur a furore ire sue et non peribimus et uidebit deus opera eorum. quia conuersi sunt cito de uia sua mala et misertus est populo suo. dne deus noster.

Alia lectio. (Ez 33, 11): Conuertimini ad me. et conuertar ad uos dicit dns. et quare moriemini domus israhel quia nolo mortem peccatoris. sed magis ut conuertatur et uiuat.

LECTIO IN SANCTI BENEDICTI

Fuit uir uite uenerabilis gratia benedictus et nomine. ab ipso puerietie sue tempore corgerens senilem etatem quippe moribus transiens nulli animum uoluptati dedit.

[1] Am Rand von späterer Hand: Ad ves(perum).

[91v] Fratres karissimi. nos qui diuersis mundi partibus ad beatissimi benedicti properauimus magisterium. discamus spernere quod
spreuit. discamus diligere quod dilexit ut si sequi eum post ad
gloria cupimus modo ipsius uestigia. imitando sequamur.
Alia lectio. Circumspiciamus quapropter dilectisimi (!) undique
uitam nostram excludamus a nobis cunctas sordes omnemque
malitiam. simus mites continentes et humiles. sectemur ea que
pacis sunt et caritatis teneamus. huius patris nostri precepta sequamur uestigia eius ut cum eo pariter gaudia consequamur
eterna.
(*Alia lectio.*) Fratres iam uero qui beati patris nostri benedicti
diem sacratissimum colimus. quod ille corusco tramite migrauit ad
celos. uideamus an presentis uite nostre series. eius uite uel meritis
conuenire.

LECTIO DE MOYSEN AD UESPER(UM)

(Is 63, 11–14): Recordatus est dns dierum seculi moysi et populi
sui. qui eduxit eos [92r] de mari cum pastoribus gregi sui. qui posuit in medio eius spiritum sancti sui, qui eduxit ad dexteram
moysen in brachio maiestatis sue quis scidat aquas ante eos. ut
faceret sibi nomen sempiternum. qui per abyssos. quasi equum in
deserto non inpingentem. quasi animal in campum descendens
spiritus dni ductor eius fuit. sic adduxisti tibi nomen glorie dne
omips.
Alia lectio. (Lev 23, 2–7): Locutus est dns ad moysen dicens. lo-
quere filii israhel et dices ad eos. hec sunt ferie dni sancte quas
celebrare debetis temporibus, mense primo. quarta decima die
mensis ad uesperum pascha dni est et in quinta decima die mensis
huius sollempnitas azimorum dni est. septem dierum azima come-
detis dies septimus erit uobis celeberimus et sanctus. omnem opus
seruilem non facietis sed offeretis sacrificium dno deo uestro.
Alia lectio. (Deut 26, 18–19): In diebus illis. locutus est moyses
filii israhel dicens. dns elegit te [92v] hodie. ut sis ei populus pe-
cularis sicut locutus est tibi ut custodias omnia precepta eius. et
faciet te excelsiorem cunctis gentibus quas creauit in laudem et
nomen et gloriam suam. ut sis populus sanctus dni dei tui sicut
locutus est tibi dns deus tuus.

Alia lectio. (Num 14, 18–20): In diebus illis. locutus est moyses
ad dnm dicens. dne patiens et multe misericordie tue auferens
iniquitatem et scelera. nullumque ignoscium derelinquens qui uisita peccata patrum in filiis in tertiam. et quartam generationem.
dimitte obsecro peccata populi huius secundum multitudine misericordie tue sicut propitius fuisti eis egredientibus de egypto
usque ad locum istum. dixitque dns dimisit iuxta uerbum tuum.
uiuo ego adimpleuitur gloria dni uniuersa terra.

LECTIO IN PURIFICATIO SANCTE MARIE

(Lc 1,26–28): Missus est gabriel angelus a deo in ciuitate galilee cui
nomen nazaret ad uirginem desponsatam uiro cui nomen erat
ioseph de domo [93r] dauid et nomen uirginis maria. ingressus
angelus ad eam dixit. aue gratia plena dns tecum benedicta tu
inter mulieres.
Alia lectio. (Is 7,14): Ecce uirgo concipiet.
Alia lectio. (Is 62, 1): Propter syon non tacebo.
Alia lectio. (Is 35, 3): Confortate manus dissolutas.

LECTIO DE PASSIONE DOMINI

(Jer 11, 18–19): Dne demonstrasti mihi. et cognoui tu ostendisti
mihi studia eorum. et ego quasi agnus mansuetus qui portatur
ad uictimam et non cognoui quia cogitauerunt conscilia super
me dicentes. uenite mittamus lignum in pane eius. et eradamus
eum de terra uiuentium. et nomen eius non memorabitur amplius.
Alia lectio. (Jer 11, 20): Tu autem dne sabaoth qui iudicas iuste
et probas renes et corda. uideam ultionem ex eis tibi enim reuelaui
causam meam dne deus meus.
Alia lectio. (Jer 17, 13–14): Dne omnes qui te derelinquunt confundantur recedentes a te in terra scribentur. quoniam derelin-
querunt uenam aquarum uiuentium dnm. sana me dne et sanabor.
saluum me fac et [93v] saluus ero quoniam laus mea tu es.
Alia lectio. (Jer 17, 18): Confundantur qui me persequuntur et

non confundar ego. paueant illi et non paueam ego. induc super eos diem afflictionis et duplici contritione contere eos dns deus noster.

Alia lectio. (Is 53, 6): Omnes nos quasi oues errauimus unusquisque in uiam suam declinauit et dns posuit in eo iniquitate(m) omnium nostrum.

Alia lectio. (Jer 18, 19–20): Adtende dne ad me et audi uoces aduersariorum meorum. numquid redditur pro bono malum quia foderunt foueam anime mee. recordare quod steterim in conspectu tuo ut loquerer pro eis bonum. et auertere indignationem tuam ab eis.

Alia lectio. (Is 50, 5–7): Dns aperuit mihi aurem. ego autem contradico. retrorsum non habii. corpus meum dedi percutientibus et genas meas uellantibus. faciem meam non auerti ab increpantibus et conspuentibus in me. dne deus auxiliator meus. et ideo non sum confusus.

LECTIO IN PALME

(Phil 2,5 –8): [94r] Fratres. hoc sentite in uobis. quod et in xpo ihu qui cum in forma dei esset non rapinam arbitratus est esse se equalem deo. sed semetipsum exinaniuit formam serui accipiens in similitudinem hominum factus et habitu inuentus ut homo humiliauit semetipsum. factus obediens usque ad mortem morte autem crucis.

Alia lectio. (Phil 2, 8–11): Propter quod et deus exaltauit illum et donauit illi nomen quod est super omnem nomen. ut in nomine ihu omne genu flectatur celestium terrestrium. et inferorum. et omnis lingua confiteatur quia dns ihs xps in gloria est dei patris.

LECTIO IN RESURRECTIONE DOMINI

(Col 3, 1–4): Fratres. si consurrexistis cum xpo que sursum sunt querite. ubi xps est in dextera dei sedens que sursum sunt sapite non que super terram. mortui enim estis et uita uestra abscondita est cum xpo in deo. cum enim xps apparuerit uita uestra tunc et uos apparebitis cum ipso in gloria.

Alia lectio. (1 Cor 5, 7–8): Fratres. expurgate. uetus fermentum. [94v] ut sitis noua consparsio. sicut estis azimis etenim pascham nostrum immolatus est xps. itaque epulemur non in fermento ueteri neque in fermento malitie et nequitie. sed in azimis sinceritatis et ueritatis.

Alia lectio. (Rom 6, 6–8): Fratres. Scientes quia uetus homo noster simul crucifixus est ut destruatur corpus peccati. ut ultra non seruiamus peccato. qui enim mortuus est. iustificatus est a peccato. si enim mortui sumus cum xpo credimus quia simul etiam uiuemus cum illo.

Alia lectio. (1 Cor 15, 20–22): Xps resurrexit a mortuis primitie dormientium quoniam quidem per hominem mors et per hominem resurrectio mortuorum. sicut enim in adam omnes moriuntur. ita in xpo omnes uiuificabuntur.

Alia lectio. (Rom 6, 9–11): Xps resurgens a mortuis iam non moritur. et mors illi ultra non dominabitur quod enim mortuus est peccato mortuus est semel. quod autem uiuit uiuit a deo. ita et uos existimate uos. mortuos quidem esse peccato uiuentes autem deo in xpo ihu dno nostro.

Alia lectio. (1 Petr 3, 18): [95r] Xps semel pro peccatis nostris mortuus est. iustus. pro iniustis ut nos offeret deo mortificatus quidem carne. uiuificatus autem spiritu.

Alia lectio. (Act 4, 33): In diebus illis. Uirtute magna reddebant apostoli testimonium resurrectionis ihu xpi dni nri et gratia magna erat in omnibus illis.

Alia lectio[1]. (Act 5,29–31): In diebus illis. Respondens autem petrus et apostoli dixerunt. obedire oportet deo magis quam hominibus. deus patrum nostrorum glorificauit filium suum ihm quem uos quidem interemistis suspendentes in ligno. hunc deus principem et saluatorem. exaltauit dextera sua ad dandam penitentiam israhel in remissionem peccatorum.

Alia lectio. (1 Petr 5, 10–11): Deus omnis gratie qui uocauit nos in eternam suam gloria in xpo ihu modicum passus. ipse perficiet confirmauit solidauitque ipsi gloria in secula seculorum. amen.

Alia lectio[2]. (1 Petr 1,3): Benedictus deus et pater dni nri ihu xpi

[1] Am Rand von späterer Hand: Ad laudes.
[2] Am Rand von späterer Hand: Ad vesp(erum).

qui secundum magnam misericordiam suam regenerauit nos in spem uiuam per resurrectionem ihu xpi ex mortuis.

Alia lectio. [95v] (Rom 6,3–5): Fratres. quicumque baptizati sumus in xpo ihu. in morte ipsius baptizati sumus. consepulti enim sumus cum illo baptismum in morte. ut quomodo surrexerit xps a mortuis per gloriam patris. ita et nos in nouitate uite ambulemus. si enim conplantati facti sumus similitudine mortis eius simul et resurrectionis erimus.

Alia lectio. (Act 10, 34–35): In diebus illis. aperiens petrus os suum dixit in ueritate conperi quoniam non est personarum acceptor deus. sed in omni gente qui timent eum et operetur iustitia. acceptus est illi.

Alia lectio. (1 Petr 4, 7–8): Estote itaque prudentes. et uigilate in orationibus. ante omnia autem mutuam in uobis metipsis. caritatem congruam habentes. quia caritas cooperit multitudinem peccatorum.

DOMINICA OCTABA PASCHE

(1 Petr 2, 21–24): Xps mortuus est pro nobis nobis relinquens exemplum ut sequamini uestigia eius. qui peccatum non fecit nec dolus inuentus est in hore eius. qui cum malediceretur non remaledicebat. cum patere[96r]tur non comminabatur. tradebat autem iudicanti se iniuste. qui peccata nostra ipse pertulit in corpore suo super lignum ut peccatis mortui iustitie uiuamus cuius libore sanati sumus.

Alia lectio. (1 Jo 5, 4; 10): Karissimi. omne quod natum est ex deo uincit mundum. et hec est uictoria que uincit mundum fides nostra. quis est autem qui uincit mundum. nisi qui credidit quoniam ihs est filius dei. qui credit in filium dei habet testimonium dei in se.

Alia lectio. (Jac 1, 17–18): Karissime. omne datum optimum et omne donum perfectum desursum est. descendens a patre luminum apud quem non est transmutatio nec uicissitudinis obumbratio. uoluntarie genuit nos uerbo ueritatis ut simus initium aliquod creature eius.

IN FILIPPI ET IACOBI

(Sap 5, 1–3): Stabunt iusti in magna constantia aduersus eos qui se angustiauerunt. et qui abstulerunt labores illorum. uidentes autem turbabuntur timore orribili et mirabuntur in substitutione inspirate salutis. dicentes intra se penitentiam agentes. et pre angustie spiritu gementes.

Alia lectio. (Sap 5, 3–5): [96v] Hi sunt quos aliquando abuimus in derisu et in similitudine inproperii. nos insensati uita illorum estimabamus insaniam et finem illorum sine honore. Ecce quomodo computati sunt inter filios dei et inter sanctos sors illorum est.

LECTIO IN SANCTE CRUCIS

(Col 1, 26–28): Fratres. mysterium quod absconditum fuit a seculi et generationibus. nunc autem manifestum est sanctis eius. quibus uoluit deus notas facere diuitias glorie sacramenti huius in gentibus quod est xps in uobis. spes glorie. quoniam uobis annuntiamus. corripientes omnes homines. et docentes omnem hominem.

LECTIO IN SANCTI ANGELI

(Apoc 12, 7–8)[1]: Factum est prelium magnum in celo. michahel et angeli eius preliabant cum dracone. et draco pugnabant et angeli eius et non preualuerunt neque locus inuentus est eorum amplius in celis.

Alia lectio[2]. (Apoc 12, 8–10): Et proiectus est draco ille magnus serpens antiquus qui uocabatur diabolus et satanas qui seducit uniuersum orbem. proiectus est in terra et angeli eius cum eo missi sunt et audiui uo[97r]cem magnam in celo dicentem. nunc facta est salus et uirtus et regnum dei nostri et potestas xpi eius.

Alia lectio. (Apoc 14, 6–7): Uidi angelum fortem uolantem per medium celum habentem euangelium eternum. ut euangelizaret sedentibus super terram et super omnem gentem tribum. et popu-

---

[1] Am Rand von späterer Hand: Ad vesp(erum).
[2] Am Rand von späterer Hand: Ad laudes.

lum dicens magna uoce timete deum et date illi honore. quia uenit hora iudicii eius. et adorate eum qui fecit celum et terra mare et fontes aquarum.

Alia lectio. (Apoc 4, 11): Dignus es dne deus noster accipere gloriam et honorem et uirtutem quia tu creasti omnia. et propter uoluntate tua erant et creata sunt.

Alia lectio. (cf. 1 Tim 1, 15): Fidelis sermo et omni acceptatione dignus. michahel archangeli qui pugnabat cum diabolo. gratia dei ille uictor in celis resedit. et hostis antiqu(u)s. passus est ruina magna.

Alia lectio. Hic est michahel archangelus princeps militie angelorum. cuius honor prestat beneficia populorum. et oratio perducat ad regna celorum.

LECTIO IN ASCENSA DOMINI

(Act 1,1–3)[1]: [97v] Primum quidem sermonem feci de omnibus o theophile que cepit ihs facere et docere usque in diem qua precipiens apostolis per spiritum sanctum quos elegit assumptus est quibus et prebuit se ipsum uiuum post passionem suam in multis argumentis. per dies quadraginta apparens ei et loquens de regno dei.

Alia lectio. (Act 1, 4–5): Et conuescens precepit eis ab hierosolimis ne discederent. sed expectarent promissionem patris quam audistis inquid per hos meum. quia iohannes quidem baptizauit aqua uos autem baptizabimini spiritu sancto non post multos hos dies.

Alia lectio. (Act 1,6–9): Igitur qui conuenerant interrogabant eum dicentes. dne si in tempore hoc restitues regnum israhel. dixit autem eis. non est uestrum nosse tempora uel momenta que pater posuit in sua potestate. sed accipietis uirtutem superuenientis spiritus sancti in uos. et eritis mihi testes in hierusalem et in omni iudea et samaria. et usque ad ultimum terre. et cum hoc dixisset. uidentibus illis eleuatus est et nubes suscepit eum ab oculis eorum.

Alia lectio. [98r] (Act 1, 10–11): Cumque intuerentur in celum euntem illum ecce duo uiri astiterunt iuxta illos in uestibus albis. qui et dixerunt. uiri galilei quid statis aspicientes in celum. hic

---

[1] Am Rand von späterer Hand: Ad laudes.

ihs qui assumptus est a uobis in celum. sic ueniet quemammodum uidistis eum euntem in celum.

Alia lectio. (Act 1,3): Quibus et prebuit se ipsum uiuum post passionem suam in multis argumentis. per dies quadraginta apparens eis et loquens de regno dei.

LECTIO IN PENTECOSTEN

(Act 2, 1–2): Dum complerentur dies pentecostes. erant omnes discipuli pariter in eodem loco. et factus est repente de celo sonus tamquam aduenientis spiritus uehementis et repleuit totum domum ubi erant sedentes.

Alia lectio. (Act 2,3): Et apparuerunt illis dispertite lingue tamquam ignis. seditque supra singulis eorum. et repleti sunt omnes spiritu sancto et ceperunt loqui uariis linguis prout spiritus sanctus dabat eloqui illis.

Alia lectio. (Joel 2, 28–29): Hec dicit dns. effundam de spiritu meo super omne carne et prophetabunt filii uestri et filie uestre. senes uestri somnia somniabunt et iuuenes uestri uisiones uidebunt. sed et [98v] super seruos meos et supra ancillas meas. in diebus illi effundam de spiritu meo.

Alia lectio. (Act 8, 14–17): In diebus illis. cum audissent apostoli qui erant hierusolimis quia recepisset samaria uerbum dei miserunt ad illos petrum et iohannem qui cum uenissent orauerunt pro eis ut acciperent spiritum sanctum. nondum enim [in] quemquam illorum uenerant sed baptizati tantum erant in nomine dni ihu. tunc inponebant manus super illos et accipiebant spiritum sanctum.

Alia lectio. (Act 10, 44–46): Loquente petro ad plebem cecidit spiritus sanctus super omnes qui audiebant uerbum. et obstipuerunt. erant ex circumcisione fideles qui uenerant cum petro quia et in nationes gratia spiritus sancti effusa est audiebat illos loquentes linguis magnificantes deum.

LECTIO IN SANCTI IOHANNIS

(Jer 1, 5–7): In diebus illis. factum est verbum dni ad me dicens. priusquam te formarem in utero noui te. et antequam exires de uulua sanctificaui te. et prophetam in gentibus dedi te et dixit a.a.a. dne deus ecce nescio loqui quia puer ego sum et dixit dns ad me noli [99r] (dicere puer) sum. quoniam ad omnia que (mittam te ibis) et uniuersa que mandauero tibi loqueris.

Alia lectio. (Jer 1, 9–10): (Et mittit) dns manum (suam et tetegit ...) et disperdas. (et dissipes et edifices) et plantes. dicit dns omips.

[.....] *alles übrige der Seite Rasur*

(LECTIO IN SANCTI PETRI)

(Act 3, 1–2): (Petrus autem et iohannes ascendebant) [99v] in templum ad oram orationis nonam. et quidam uir qui erat claudus ex utero matris sue. baiulabatur que ponebant cottidie ad portam templi que dicitur speciosa. ut peterent elemosinam ab introeuntibus in templum.

Alia lectio. (Act 12, 1–5): In diebus illis. misit herodes rex manus ut affligeret quosdam de ecclesia. occidat autem iacobum fratres iohannis gladio. uidens autem quia placeret iudeis. apposuit ut apprehenderet et petrum. erant autem dies azimorum que cum apprehendisset. misit in carcerem. tradensque quattuor quaternionibus militum custodiendum uolens post pascha producere eum populo. et petrum quidem seruauatur in carcere oratio autem fiebat sine intermissione ab ecclesiam a deo pro eo.

Alia lectio. (Act 12, 7–9): Ecce angelus dni astitit et lumen refulsit in habitaculo carceris. percussoque latere petri excitauit eum dicens. surge uelociter et ceciderunt catene de manibus eius. dixit autem angelus ad eum precingere et calcia te caligas [100r] tuas. et fecit sic et dixit illi. circumda tibi uestimentum tuum et sequere me. et exiens sequebatur eum.

Alia lectio. (Act 12, 11): Nunc scio uere quia misit dns angelum suum. et eripuit me de manu herodis et de omni expectatione plebis iudeorum.

LECTIO IN SANCTI PAULI

(Act 9, 22): Saulus autem multo magis conualescebat et confundebat iudeos qui habitabant damasci. affirmans quoniam hic est xps.

Alia lectio. (2 Tim 4, 7–8): Bonum certamen certaui cursum consumaui. fidem seruaui. In reliquo reposita est mihi coronam iustitie quam reddet mihi dns in illa die. iustus iudex. non solum autem mihi. sed et his qui diligunt aduentum eius.

Alia lectio. (2 Tim 4, 17–18): Dns autem michi astitit. et confortauit me. ut per me predicatio inpleatur. et audiant omnes gentes et liberatus sum de hore leonum et liberauit autem me dns ab omni opere malo. et saluum faciet in regnum suum celestem. cui gloria et potestas in secula seculorum. amen.

IN OCTAUA APOSTOLORUM

(Eccl 44, 10–13): Hi sunt uiri misericordie quorum iustitie. obliuionem non acceperunt cum semen eorum [100v] permanet bona. hereditas sancta nepotes eorum. in testamenti stent semen eorum et filie eorum propter eos manent usque in eternum.

Alia lectio. (Eccl. 44, 13–15): Generatio sanctorum et gloria eorum non derelinquetur. corpora eorum in pace sepulta sunt et nomen eorum uiuent in secula sapientia eorum narrent omnis populi. et laudes earum pronuntiet omnis ecclesia sanctorum.

IN TRANSFIGURATIO

(2 Petr 1, 17–18): Karissimi. accipiens ihs xps a deo patre honorem et gloria. uoce delapsa ad deum huiuscemodi a magnifica gloria. hic est filius meus dilectus. in quo mihi bene conplacuit et hanc uocem nos audiuimus de celo allatam cum essemus cum ipso in monte sancto.

Alia lectio. (2 Petr 1, 19): Fratres. habemus firmiorem propheticum sermonem cui bene facitis adtendentes quasi lucerna lucenti in caligoso loco. donec dies lucescat et lucifer oriatur in cordibus uestris.

Alia. (Js 9, 2): Populus gentium.

Alia. (Is 9, 7): Super solium david.

Alia. (Tit 2, 11): Karissimi apparuit.

Alia. (Tit 3, 4): Karissimi apparuit.

IN SANCTI LAURENTII

(Eccli 51, 1–2): Confitebor tibi dne rex et collaudabo te deum saluatorem meum. confitebor nomini tuo dne. quoniam adiu[101r]
tor et protector factus es michi.

Alia lectio. Et liberasti corpus meum a perditione. a laqueo lingue
inique et a labiis operantium mandacium. et in conspectu astan-
tium factus es mihi adiutor. et liberasti me secundum multitudinem misericordie nominis tui. de manu querentium animam meam.
et de multis tribulationibus et a pressura flamm(e) que circumde-
dit me. et in medio ignis non sum estuatus.

Alia lectio. (Is 43, 1–3): Hec dicit dns. creans te iacob. et formans
te israhel. noli timere quia redemi te. et uocabi te nomine meo.
meus es tu cum transieris per aquas tecum ero et flumina non
operient te cum ambulaberis in igne non combureris et flamma
non ardebit in te. quia ego sum dns deus tuus et sanctus israhel
saluator tuus.

LECTIO IN SANCTE MARIE

(Eccli 24, 11–13): In omnibus requiem quesiui et in ereditate dni
morabor. tunc precepit et dicit michi. creator omnium et qui
creauit me in tauernaculo meo et dixit mihi in iacob inabita et in
israhel hereditare. et in electis meis mitte radices.

Alia lectio. (Eccli 24, 15–16): [101v] Et sic in syon firmata sum.
et in ciuitate sanctificata similiter requieui. et in hierusalem potestas meas radicaui in populo honorificato. et in partes dei mei
hereditas illius et in plenitudine sanctorum detentio mea.

Alia lectio. (Eccli 24, 17–20): Quasi credus exaltata sum in libano
et quasi cypressus in montem syon. quasi palma exaltata sum in
cades. et quasi plantatio rose in iericho. quasi platanus exaltata
sum iusta aquas in plateis. sicut cynnamonum et balsamum aro-
matizans odorem dedi quasi murra electa dedi suauitatem ho-
doris.

Alia lectio. (Cant 6,8): Una est columba mea. perfecta mea. una
est matris sue. electa genitricis sue. uiderunt eam filie et beatissima
predicauerunt. et regine laudauerunt eam.

Alia lectio. (Cant 6, 9): Que est ista que progreditur. quasi aurora consurgens pulchra ut luna. electa ut sol. terribilis ut castrorum acies ordinata.

Alia lectio. (Sap 4, 1–2): Quam pulchra est casta generatio cum claritate. inmortalis est [102r] enim memoria illius. quoniam apud deum nota est a aput homines. cum presens est imitantur illam. et desiderant eam cum seduxerint et in perpetuum coronata triumphat ante dnm.

LECTIO IN OMNIUM SANCTORUM

(Apoc 5, 9–10): Cantabant sancti canticum nouum dicentes. dignus es dne accipere librum. et aperire signacula eius. quoniam occisus est. et redemisti nos deum in sanguine tuo ex omni tribu et lingue et populo et natione. et fecisti nos deo nostro regnum et sacerdotes. et regnabunt super terram.

Alia lectio. (Apoc 7, 9): Uidi turba magna quam dinumerare nemo poterat. ex omnibus gentibus et tribus et populis et linguis stantes ante thronum in conspectu agni. acmictis stolis albis. et palme in manibus eorum.

Alia lectio. (Apoc 7, 14–15): Hi sunt qui uenerant de tribulatione magna. et lauerant stolas suas. et dealuauerunt eas in sanguine agni. ideo sunt ante thronum dei. et seruiunt ei die ac nocte.

LECTIO IN SANCTI MARTINI

(Mal 2, 6–7): Lex ueritatis fuit in hore eius et iniqui [102v] non est inuenta in labiis eius in pace et in equitatem ambulauit mecum. et multos auertit ab iniquitate. labia enim sacerdotis custodiunt scientiam et legem exquirunt ex hore eius quia angelus dni exercituum est.

LECTIO IN SANCTE ANDREE

(Prov 10, 6; Eccli 45, 3): Benedictio dni super capud iusti. ideo dedit illi hereditatem. et diuisit ei partem in tribubus duodecim et inuenit gratia in conspectu omni carnis. et magnificauit eum in timore inimicorum. et in uerbis suis monstrauit glorificauit illum in conspectu regum et ostendit illi gloriam suam.

Alia lectio. (Rom 10, 10–13): Fratres. corde enim creditur ad iustitiam. hore autem confessio fit ad salutem. dicit enim scriptura omnis qui credit in illum non confundetur. et non est enim distinctio iudei et greci. nam idem dns omnium diues in omnibus qui inuocant illum. omnes enim quicumque inuocauerit nomen dni saluus erit.

LECTIO IN NATALE APOSTOLORUM

(Eph 2, 19–22)[1]: Fratres. iam non estis ospites et aduene sed estis ciues sanctorum et domestici dei. superedificati supra fun [103r] damenta apostolorum et prophetarum ipso summo angulare lapide xpo ihu. in quo omnis edificatio constructa crescit in templum in sanctum in dno in quo et uos eo edificamini in abitaculum dei in spiritu sancto.

Alia lectio. (Eccli 31, 8–10): Beatus uir qui inuentus est sine macula. et qui post aurum non abiit. nec sperauit in pecunie thesauris. quis est hic et laudabimus eum fecit enim mirabilia in uita sua quis probatus est in illo et perfectus et erit illi in gloria eterna.

Alia lectio. (Eccli 15, 3–6): Firmabitur in illo et non flectetur et continebit illum. et non confundetur. et exaltauit illum aput proximo suo. et nomine eterno hereditauit illum dns deus noster.

Alia lectio. (Sap 5, 3–5): Hi sunt quos aliquando habuimus in derisu. et in similitudine inproperii nos insensati uita illorum estimabamus sine honore. ecce quomodo computati sunt inter filios dei et inter sanctos sors illorum est.

Alia lectio. (Rom 10, 15–18): Quam speciosi pedes euangelizantium pace. euangelizantium bona. sed non omnes obediunt euangelium. esayas enim dicit [103v] dne quis credidit auditui nostro ergo fides ex auditu. auditus autem per uerbum xpi. sed dico. numquid non audierunt. et quidem in omne terram exiuit sonus eorum et in fines orbis terre uerba eorum.

---

[1] Am Rand von späterer Hand: Ad vesper(um).

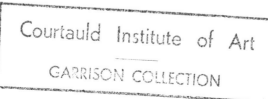

LECTIO IN NATALE PLURIMORUM MARTYRUM

(Sap 3, 1–3)[1]: Iustorum autem anime in manu dei sunt. et non tanget illos tormentum malitie uisi sunt oculi insipientium mori. et estimata est afflictio exitus illorum et quod a nobis est iter exterminii illi autem sunt in pace.

Alia lectio. (Sap 3, 4–6): Etsi coram hominibus tormenta passi sunt spes illorum inmortalitate plena est. in pacis (!) uexati. in multis bene disponentur quoniam deus temptauit illos et inuenit illos dignos se. tamquam in fornace probabit illos. et quasi olocausta hostiam accepit illos et in tempore erit respectus illorum.

Alia lectio[2]. (Sap 3, 7–8): Fulgebunt iusti et tamquam scintille in arundineto discurrent. iudicabunt nationes et dominabuntur populis. et regnauit dns illorum in perpetuum.

Alia lectio. (Sap 5, 16–17): Iusti autem in perpetuum uiuent. et aput dnm est merces eorum et cogitatio eorum aput altissimum. ideo accipient regnum decoris [104r] et diadema de manu dni quoniam dextera sua teget eos et brachio sancto suo defendet illos dns deus noster.

Alia lectio[3]. (Herbr 11, 33–34): Sancti per fidem uicerunt regna operati sunt iustitia adepti sunt repromissiones. opturauerunt hora leonum extinxerunt impetuum ignis effugauerunt aciem gladii. conualuerunt de infirmitate forte facti sunt in uello.

Alia lectio[3]. (Eccli 39, 12–13): Collaudabunt multi sapientia eius. et usque in seculum non delebitur. non recedet memoria eius. et nomen eius requiretur a generatione et generatione.

LECTIO IN NATALE UNIUS MARTYRIS

(Sap 10, 10)[3]: Iustum deduxit dns per uiam rectam et ostendit illi regnum dei. et dedit illi scientia sanctorum honestauit illum in laboribus et compleuit labores illius.

Alia lectio. (Eccli 14, 22; 15, 3): Beatus uir qui in sapientia morabitur. et qui in iustitia meditabitur et in sensum cogitauit cir-

---

[1] Am Rand von späterer Hand: Ad vesperum.
[2] Am Rand: Ad laudes.
[3] Am Rand: Ad vesperum.

cumpectionem dei. ciuauit illum pane uite. et intellectus. et aqua sapientie salutaris potauit illum dne deus noster.

Alia lectio. (Jac 1, 12): Beatus uir qui suffert temptationem quoniam cum probatus fuerit accipiet coronam uite. quam repromisit deus diligentibus se.

Alia lectio. (Eccli 39, 6): [104v] Iustum(!) cor suum tradidit ad uigilandum diluculo ad deum qui fecit illum et in conspectu altissimi deprecabitur aperiet os suum in oratione. et pro delictis suis deprecabitur.

IN NATALE CONFESSORUM

(Eccli 44, 16.20.22): Ecce sacerdos magnus qui in diebus suis placuit deo et inuentus est iustus. et in tempore iracundie factus est reconciliatio. non est inuentus similis illis. qui conseruare legem excelsi. ideo iure iurandum fecit illum dns crescere in plebem suam.

Alia lectio. (Eccli 44, 25–27): Benedictionem omnium gentium dedit illi et testamentum suum confirmauit super caput eius. cognouit eum in benedictionibus suis. conseruabit illi misericordiam sua et inuenit gratia coram oculis dni.

Alia lectio. (Eccli 45, 20): Statuit illi testamentum sempiternum. et dedit illi sacerdotium magnum. et beatificauit illum in gloria. fungi[s] sacerdotium et habere laudem in nomine ipsius. et offere illi incensum dignum in odorem suauitatis.

LECTIO DE UIRGINUM

(2 Cor 10, 17–11, 2): [105r] Fratres. qui gloriatur in dno glorietur non enim qui ipsum conmendat ille probatus est sed quem dns commendat. utinam sustineretis modicum quid insipientie mee. sed et subportate me. emulor enim uos dei emulatione dispondi enim uos uni uiro uirginem casta exiuere xpo.

Alia lectio. (1 Cor 7, 34): Uirgo cogitat que dei sunt. ut sit sancta corpore et spiritu in xpo ihu dno nostro.

Alia lectio[1]. (Eccli 51, 13–14): Dne deus meus exaltasti super ter-

---

[1] Am Rand: Ad laudes

ram habitationem meam et pro morte defluenti deprecata sum. inuocabi dnm patre dni mei ut non derelinquat me in die tribulationis mee et in tempore superborum sine adiutorium.
Alia lectio. (Eccli 51, 15–17): Laudabo nomen tuum assidue et collaudabo illud in confessione ex te exaudita est oratio mea. liberasti me de perditione et eripuisti me de tempore iniquo. propterea confitebor et laudem dicam nomini tuo dne deus noster.

IN DEDICATIO ECCLESIE

(Apoc 21, 2–3): In diebus illis. uidi ciuitatem sanctam hierusalem. nouam descendentem de celo a deo parata [105v] sicut sponsa ornatam uiro suo. et audiui uocem de throno dicentem. ecce tabernaculum dei cum hominibus et habitabit cum eis. et ipsi populus eius erunt et ipse deus cum eis erit eorum deus.
Alia lectio. (1 Cor 3, 16–17): Fratres. nescitis quia templum dei estis. et spiritus dei habitat in uobis. si quis autem templum dei uiolauerit disperdet illum deus. templum enim dei sanctum est quod estis uos.
Alia lectio. (1 Cor 3, 10): Fratres. Secundum gratia que data est michi. ut sapiens architectus fundamentum posui. alius autem autem superedificat unusquisque autem uideat quomodo superedificet.
Alia lectio. (2 Cor 6, 16): Fratres. uos estis templum dei uiui sicut dicit dns. quoniam inambulabo in illis et habitabo. et ero illorum deus. et ipsi erunt mihi in populo.
Alia lectio. (1 Cor 3, 8): Unusquisque propriam mercedem accipiet secundum suum laborem. dei enim sumus adiutores. dei agricultura estis dei edificatio estis. secundum gratiam que data est michi. ut sapiens architectus fundamentum posuit.
Alia lectio. (Leuit 26, 11): Ponam tauernaculum meum in medio uestri. et non abiciet uos animam meam dicit dns omips.
Alia lectio. [106r] (Apoc 21, 23): Dns enim deus omips templum est ciuitatis hierusolimis et agnus. et ciuitas non eget sole neque luna ut luceat in ea. nam claritas dei illuminauit eam et lucerna eius est agnus.

(LITANIAE PER EBDOMADAM)

FERIA SECUNDA

Kyrie eleison. *iii.*
Agnus dei qui tollis peccata mundi. miserere nobis.
Suscipe deprecatonem nostram qui sedes ad dexteram patris.
Agnus dei. Gloria patri et filii. Agnus dei. Sicut erat.
Agnus dei qui tollit.
Exaudi deus. *iii.* Uoces nostras
Exaudi xpe. *iii.* Miserere nobis
Sancte sanctorum deus. miserere
Pater de celis deus. mis(erere)
Fili redemptor mundi deus. miserere nobis.
Sancta trinitas unus deus. miserere
Sancta maria. Intercede pro.
Sancta dei genitrix. Inter
Sancta mater dni. Inter.
Sancte michahel. Inter.
Sancte gabrihel. Inter.
Sancte raphael. Inter.
Sancte chorum seraphim. Inter.
Sancte chorum cherubim. Inter.
Sancte chorum throni. Inter.
Sancte chorum dominationes.
Sancte chorum principatus. Inter.
Sancte chorum potestatis. Inter.
Sancte chorum uirtutis. Inter.
Sancte chorum angelorum. Inter.
[106v] Sancte chorum archangelorum. Inter.
Omnis chori celestis. Inter.
Sancte chorum patriarcharum.
Sancte chorum prophetarum. Inter.
Sancte chorum apostolorum. Inter.
Sancte chorum martyrum. Inter.
Sancte chorum doctorum. Inter.
Sancte chorum confessorum. Inter.

Sancte chorum sacerdotum. Inter.
Sancte Stephane. Inter.
Sancte chorum leuitarum. Inter.
Sancte benedicte. Inter.
Sancte chorum monachorum. Inter.
Sancta scolastica. Inter.
Sancte chorum uirginum. Inter.
Sancte chorum innocentum. Inter.
Sancte chorum iustorum anime. Inter.
Omnis chori sanctorum. Inter.
Xpe audi nos. *iii.*
Filius dei. te rogamus audi nos.
Saluator mundi. te
Redemptor mundi. te
Per aduentum et incarnationem tuam. te
Per genitricem et natiuitatem tuam. te
Per mortem et resurrectionem tuam. te
Per ascensionem et sanctos tuos. te
Per aduentum spiritus sancti. te
Ut ueniam nobis donis. te
Ut remissionem peccatorum. te.
Ut pacem dones. te
Ut fructum dones. te
Ut populo christianorum uictoriam dones. te
Ut congregationem nostram in sancta religione conseruare digne-
ris.
Ut ubique christianos protegat et super infideles exaltat. te [107r]
Ut populum et locum istum conseruare digneris. te
Ut infirmis sanit(at)e anime et corporis donare digneris. te
Ut fidelibus defunctis requiem eternam donare digneris. te
Ut nos exaudire digneris. te
Nos peccatores. te
Xpe audi nos. *iii.*
Propitius esto. parce
Propitius esto. libera
Propitius esto. adiuua
Ab ira tua. libera
A furore tuo. libera

66

Ab aquis multis. libera
A fulgura et tempestates.
A presenti flagello. libera
A fame et peste. libera
A paganorum iugo. libera
A mala morte. libera
A pena inferni. libera
Ab inimicis. libera
Ab omni malo. libera
Ab omni peccato. libera
Xpe audi nos. *iii.*
Kyrie eleison. *iii.* Xpe eleison. *iii.* Kyrie eleison. *iii.*
Pater (noster). *et* Capituli. Dne re(fugium.)
(℣.) Ostende nobis dne misericordiam tuam. ℞. Et salutare tuum.
(℣). Fiat dne misericordia tua super nos. ℞. Sicut sperauimus.
(℣.) Fiat pax in uirtute tua. ℞. Et habundantia in turri(bus.)
(℣.) Pro peccatis et neglegentiis nostris. ℞. Dne ne memineris ini-
quita.
(℣.) Ne reminiscaris dne delicta mea uel parentum meorum.
℞. Neque uindicta sumat de.
(℣.) Peccauimus cum patribus nostris. ℞. Iniuste egimus iniquita.
(℣.) Pro fratribus nostris ascentibus. ℞ Saluos fac seruos tuos.
(℣.) Dne non secundum (℞.) Neque.
(℣.) Esto nobis. ℞. A facie
(℣.) Nichil pro(ficiat). ℞. Et filius.
[107v] (℣.) Mitte eis dne auxilium de sancto. ℞. Et de syon tue.
(℣.) Dne exaudi orationem meam. ℞. Et clamor.

50

(*Oratio*.) Exaudi qs dne gemitum populi supplicantis. et qui de
meritorum qualitate diffidimus. non iudicium set misericordiam
consequamur. per

51

Oratio. Deus cui proprium est misereri semper et parcere. suscipe
deprecationem nostram. et nos famulos tuos. quos delictorum ca-
tena constringit miseratio tue pietatis absoluat. per

50: F 2064
51: F 2075

67

Oratio. Omips sempiterne deus. qui facis mirabilia magna solus. pretende super famulum tuum abbatem nostrum. uel super cuncta congregationem illi commissa spiritum gratie salutaris. et ut in ueritate tibi complaceamus. perpetuum nobis rorem tue benedictionis infunde.

Oratio. Omips sempiterne deus. te supplices exoramus. ut celesti benedictione frequenter nos confirmare digneris. ut sint oculi tui aperti et aures tue intente super domum istam. et super uniuerso populum tuum. exaudi propitius [108r] preces nostras. conserua iustos. parce peccatoribus. iustifica penitentes. uisita languidos. sana infirmos. subueni egeni(s). succurre captiuis. require errantes. eripe oppressos. consolare afflictos. ut omnes qui in suis necessitatibus sunt constituti. in quibuscumque loco maiestatem tuam dne deprecati fuerint. tua misericordia consequi mereantur.

FERIA II

Xpe audi nos. *iii.*
Sancta maria. ora (pro nobis)
Sancta dei genitrix. ora
Sancta mater dni. ora
Sancte michahel. ora
Sancte gabrihel. ora
Sancte raphahel. ora
Sancte iohannes. ora
Sancte petre. ora
Sancte paule. ora
Sancte andreas. ora
Sancte iacobe. ora
Sancte philippe. ora
Sancte iohannes. ora
Sancte thomas. ora
Sancte iacobe. ora

52: F 2148   53: ?

Sancte philippe. ora
Sancte bartholomee. ora
Sancte mathee. ora
Sancte symon. ora
Sancte tatdee. ora
Sancte mathias. ora
Sancte barnabas. ora
Sancte marce. ora
Sancte lucan. ora [108v]
Sancte stephane. ora
Sancte leuce. ora
Sancte line. ora
Sancte clete. ora
Sancte clemens. ora
Sancte xyste. ora
Sancte corneli. ora
Sancte cypriane. ora
Sancte laurenti. ora
Sancte uincenti. ora
Sancte grisochone. ora
Sancte iohannis. ora
Sancte paule. ora
Sancte cosmas. ora
Sancte damiane. ora
Sancte ylari. ora
Sancte martine. ora
Sancte hieronime. ora
Sancte ambrosi. ora
Sancte augustine. ora
Sancte gregori. ora
Sancte ysidore. ora
Sancte benedicte. ora
Sancte maure. ora
Sancte placide. ora
Sancte paule. ora
Sancte antoni. ora
Sancta felicitas. ora
Sancta perpetua. ora

Sancta agatha. ora
Sancta lucia. ora
Sancta agnes. ora
Sancta scolastica. ora
Omnes sancti et sancte dei. orate
Xpe audi nos. *iii.*
Filius dei. *et* Propitius *et Capitula. require retro.*

54

Oratio. Deus a quo sancta desideria. recta consilia. et iusta sunt opera. da seruis tuis illam quam mundus non potest dare. perpetuam pacem. [109r] ut corda nostra mandatis tuis dedita. et tempora hostium sublatam formidine. tua synt protectione tranquilla.

55

Oratio. Deus omnium conditor qui paterna pietatem omnium curam geris. qs clementiam tuam. ut nobis indignis gratis ueniam largiaris. et omnibus christianis. parentibusque nostris amicis. etiam inimicis. uiuentibus presentis uite commoda tribuas. fidelibus defunctis requiem impertiaris eternam. et omnis aduersos ad tuam digneris conuertere uoluntatem. quatenus hic et in eternum omnes tuo munere letemur.

56

Oratio. Ineffabilem misericordiam tuam dne nobis clementer ostende. ut simul nos et a peccatis exua. et a penis quas pro his meremur eripias.

57

Oratio. Miserere uiuorum dne qui sacerdotibus tuis confessi fuerunt. uel qui se in orationibus nostris se commendauerunt. da restaurationem defunctis qui desiderantes penitentiam de hac luce migrauerunt. da sanitate infirmis. prosperi[109v]tate in uia tua ambulantibus. pacem discordantibus. finem perfectam bene incipientibus. portum salutis fidelibus nauigantibus. indulgentiam penitentibus. pacem regibus et principibus. presta gloriosa et ammirabilis trinitas deus noster. qui es benedictus in secula seculorum.

54: F 1961
55: ?
56: F 2040
57: ?

Xpe audi nos. *iii.*
Sancte sanctorum deus. miserere nobis.
Pater de celis deus. miserere nobis.
Fili redemptor mundi deus. miserere nobis.
Sancta trinitas unus deus. miserere nobis.
Sancta maria. intercede pro nobis. ora
Sancta dei genitrix. inter.
Sancta mater dni. inter.
Sancte michahel. inter.
Sancte gabrihel. inter.
Sancte raphael. inter.
Sancte abraham. inter.
Sancte isaac. inter.
Sancte iacob. inter.
Sancte chorum patriarchae.
Sancte elia. inter.
Sancte esaia. inter.
Sancte geremias. inter.
Sancte chorum prophetarum. inter.
Sancte petre. inter.
Sancte paule. inter.
Sancte andreas. inter.
Sancte chorum apostolorum. inter.
Sancte geruasi. inter.
Sancte protasi. inter.
Sancte nazari. inter.
Sancte chorum martirum. inter. [110r]
Sancte hieronime. inter.
Sancte ambrosi. inter.
Sancte augustine. inter.
Sancte chorum doctorum. inter.
Sancte martini. inter.
Sancte pauline. inter.
Sancte barbate. inter.
Sancte chorum confessorum. inter.
Sancte corneli. inter.

Sancte cipriane. inter.
Sancte gregori. inter.
Sancte chorum sacerdotum.
Sancte stephane. inter.
Sancte laurenti. inter.
Sancte uincenti. inter.
Sancte chorum leuitharum.
Sancte benedicte. inter.
Sancte maure. inter.
Sancte antoni. inter.
Sancte chorum monachorum.
Sancta agnes. inter.
Sancta cecilia. inter.
Sancta scolastica. inter.
Sancte chorum uirginum. inter.
Sancte uite. inter.
Sancte potite. inter.
Sancte celse. inter.
Sancte chorum innocentum.
Sancte ioseph. inter.
Sancte zache. inter.
Sancte symeon. inter.
Sancte chorum iustorum anime.
Omnis chori sanctorum. inter.
Filius dei. *et* Propitius. *et Capitula. require retro.*

58

Oratio. Deus qui caritatis dona per gratiam sancti spiritus tuorum cordibus fidelium infundis. da famulis et famulabus tuis. pro quibus tuam deprecamur clementiam salutem mentis et corporis. ut te tota uirtute diligant

59

Oratio. [110v] Exaudi nos dne in omni oratione atque deprecationem nostram. ut liberemur ab insidiis iniquis et malis hominibus. precamur te dne. exaudi et miserere nobis. et perducere nos iubeas ad gaudia eterna cum omnibus sanctis tuis.

Alia oratio. Omips sempiterne deus. qui es autor et artifex omnis creature. respice propitius ad preces ecclesie tue. et da nobis contra hostem crudelissimum tue defensionis auxilium. qui circuit querens quem deuoret. non sinas piissime pater in nobis illum sua uota complere. et imaginem tuam in nobis obscurari. iam enim illi renuntiauimus. et tibi dno promisimus. iam per gratiam et potentiam tuam abstracti sumus de faucibus eius. non nos iterum permittas laniari morsibus inimici. quos pretioso filii tui sanguine redemisti.

Alia oratio. Ueniat qs dne benedictio tua super cunctos sacerdotes ecclesiasticorum et clero. et uniuerso populo christiano qui tibi capita sua humiliant auge fidem sancte [111r] ecclesie tue catholice et da pacem in diebus nostris. conforta romana militia. comprime gentes que bella uolunt. adesto pacificis regibus. et principibus nostris. uirginitatem et castitatem custodire digneris. solue compeditos. illumina cecos. libera captiuos. uisita infirmos. orfanis et uiduis esto adiutor. et protector custos. atque defensor. penitentibus dimitte peccatis. et erguminos cura uinctos de domo carceris educere digneris. et oppressos. libera nauigantibus fidelibus dona portum salutis. et peregrinantibus proprium reditum concede.

FERIA V

Xpe audi nos. *iii.*
Sancta maria. ora
Sancta dei genitrix. ora
Sancta mater dni. ora
Sancte michahel. ora
Sancte gabrihel. ora
Sancte raphahel. ora
Sancte iohannes. ora
Sancte petre. ora
Sancte paule. ora

60: ?   61: ?

Sancte andreas. ora
Sancte iacobe. ora
Sancte iohannes. ora
Sancte thomas. ora
Sancte iacobe. ora
Sancte philippe. ora [111v]
Sancte bartholomee. ora
Sancte mathee. ora
Sancte symon. ora
Sancte tatdee. ora
Sancte mathias. ora
Sancte barnabas. ora
Sancte marce. ora
Sancte lucan. ora
Sancte stephane. ora.
Sancte donate. ora
Sancte felix. ora
Sancte arontii. ora
Sancte honorate. ora
Sancte fortunate. ora
Sancte sabine. ora
Sancte septimine. ora
Sancte ianuari. ora
Sancte felix. ora
Sancte uitali. ora
Sancte satore. ora
Sancte reposite. ora
Sancte constanti. ora
Sancte gregori. ora
Sancte felicissime. ora
Sancte cassiane. ora
Sancte modeste. ora
Sancte lupule. ora
Sancte nicander. ora
Sancte marciane. ora
Sancte secundine. ora
Sancte ianuari. ora
Sancte laurenti. ora

Sancte uincenti. ora
Sancte septimine. ora
Sancte rosi. ora
Sancte hieronime. ora
Sancte ambrosi. ora
Sancte augustine. ora
Sancte balentine. ora
Sancte leonti. ora
Sancte ciriace. ora
Sancte parde. ora
Sancte bonifaci. ora
Sancte iubenalis. ora [112r]
Sancte grafice. ora
Sancte quinecli. ora
Sancte mercuri. ora
Sancte euletheri. ora
Sancte benedicte. ora
Sancte maure. ora
Sancta felicitas. ora
Sancta perpetua. ora
Sancta agathe. ora
Sancta lucia. ora
Sancta agnes. ora
Sancta scolastica. ora
Sancta cecilia. ora
Omnes sancti et sancte dei. orate
Xpe audi nos. *iii.*
Filius dei. *et* Propitius. *et Capitula. require retro.*

62

(*Oratio.*) Exaudi nos dne in omni oratione atque deprecationem
nostram. ut liberemur ab insidiis iniquis et malis hominibus. precamur te dne exaudi et miserere nobis. et perducere nos iubeas ad
gaudia eterna cum omnibus sanctis tuis.

63

Oratio. Deus qui renuntiantibus seculo. mansiones paras in celo
dilata sancte huius congregationis temporale habitaculum. ut ce-

62: ?   63: F 2298

75

lestibus bonis. ut fraterna teneantur compagine caritatis. unanimes continentie precepta custodia. sobri. simplices. et quieti. grata sibi datam gratiam suis se cognoscant. concordet illorum ui[112v]ta cum nomine professio sentiatur in opere.

64

(*Oratio.*) Exaudi qs dne supplicum preces. et confitentium tibi parce peccatis. ut pariter nobis indulgentiam tribuas beninus et pacem.

65

Alia oratio. Deus refugium pauperum. spes humilium. salusque miserorum. supplicationes seruorum tuorum clementer exaudi. ut quos iustitia uerberum fecit afflictos. habundantia remediorum faciat consolatos.

66

Oratio. Adsit nobis oratio sanctorum qui per uniuersum mundum passi sunt propter nomen tuum dne. et sanctorum apostolorum. martyrum. ac uirginum. et sanctorum comitum eorum. qs dne. et nos protege. et uiam nostram in salutis tue prosperitate dispone. ut inter omnes uite huius uaritates. tuo semper protegamur auxilio. et famulos hac famulabus tuis. qui nobis fecerunt helemosinam. et in orationibus nostris se commendauerunt. uel qui mihi confessi fuerunt. quorum nomina ante sacrum altare scripta [113r] adesse uidentur. porrige eis dexteram celestis auxilii. ut et te toto corde perquirant. et que digne postulant assequantur. et animabus omnium fidelium. catholicorum. orthodoxorum. quibus donasti baptismi sacramentum. in regione sanctorum iubeas dare ei consortio et plenitudine gaudiorum. per

FERIA VI

Xpe audi nos. *iii.*
Sancta maria. inter(cede pro nobis.)
Sancta dei genitrix. inter.
Sancta mater dni. inter.
Sancta regina celorum. inter.

64: F 2069   65: F 2076   66: ?

Sancte michael. inter.
Sancte gabrihel. inter.
Sancte raphahel. inter.
Sancte iohannes. inter.
Sancte petre. inter.
Sancte paule. inter.
Sancte andreas. inter.
Sancte bartholomee.
Sancte barbate. inter.
Sancte ianuari. inter.
Sancte feste. inter.
Sancte desiderii. inter.
Sancte eusebii. inter.
Sancte iohannes. inter.
Sancte felix. inter.
Sancte apolloni. inter.
Sancte magne. inter.
Sancte aronti. inter.
Sancte modeste. inter.
Sancte maxenti. inter.
Sancte alexander. inter.
Sancte uitalis. inter.
Sancte philipe. inter. [113v]
Sancte marcialis. inter.
Sancte maxime. inter.
Sancte cassiane. inter.
Sancte anastasi. inter.
Sancte uincenti. inter.
Sancte felix. inter.
Sancte iustine. inter.
Sancte uitalis. inter.
Sancte antoni. inter.
Sancte potite. inter.
Sancte leo. inter.
Sancte marciane. inter.
Sancte donate. inter.
Sancte pauline. inter.
Sancte balentine. inter.

Sancte uictor. inter.
Sancte mercuri. inter.
Sancte epiphani. inter.
Sancte agapite. inter.
Sancte bonifaci. inter.
Sancte stephane. inter.
Sancte leuci. inter.
Sancte line. inter.
Sancte clete. inter.
Sancte clemens. inter.
Sancte xiste. inter.
Sancte corneli. inter.
Sancte cipriane. inter.
Sancte laurenti. inter.
Sancte uincenti. inter
Sanctes grisochone. inter.
Sancte iohannes. inter.
Sancte paule. inter.
Sancte cosmas. inter.
Sancte damiane. inter.
Sancte ylari. inter.
Sancte martine. inter.
Sancte hieronime. inter.
Sancte ambrosi. inter.
Sancte augustine. inter.
Sancte gregori. inter.
Sancte isidore. inter.
Sancte benedicte. inter.
Sancte maure. inter.
Sancte placide. inter.
Sancte balentine. inter.
Sancte eustasi. inter.
Sancte felix. inter.
Omnes sancti et sancte dei. inter.
Xpe audi nos. *iii.*
Filius dei. *et* Propitius. *et Capitula. require retro.*

(*Oratio.*) Deus qui nos in tantis periculis constitutos. pro humanis fragilitate non posse subsistere. da nobis salutem mentis et corporis. ut ea que pro peccatis nostris patimur. te adiuuante uincamus.

Alia oratio. Propitiare dne supplicationibus nostris. et animarum nostrarum medere languoribus. ut remissione perpetua. in tua semper benedictione letemur.

Alia oratio. Deus innocentie restitutor et amator. dirige ad te tuorum corda seruorum. ut spiritus tui feruore concepto. et in fide inueniantur stabiles. et in opere efficaces.

Oratio. Conserua qs dne tuorum corda fidelium. et gratie tue uirtute corrobora. ut in tua sint supplicatione deuoti. et mutua dilectione sinceri.

Alia oratio. Clamantes ad te deus dignanter exaudi. [114v] ut nos de profundo iniquitatis eripias. et ad gaudia eterna perducas.

(*Oratio.*) Da qs dne populo tuo spiritum ueritatis. et pacis. ut te toto mente cognoscant. et que tibi sunt placita. toto corde sectemur.

Oratio. Omips sempiterne deus. uniuersa nobis aduersantia propitiatus exclude. ut mente et corpore pariter expediti. que tua sunt liberis mentibus exequamur.

Alia oratio. Auxiliare dne querentibus misericordiam tuam et ad ueniam confitentibus. parce supplicibus. ut qui nostris meritis flagellamur tua sancta miseratione saluemur.

(*Oratio.*) Purifica dne tuorum corda fidelium. ut a terrena cupiditate mundati. et presentis uite periculis exuantur. et perpetuis donis firmentur. per

67: F 307	68: F 492	69: F 466
70: F 1626	71: ?	72: ?
73: F 1672	74: F 2105	75: F 2102

Alia oratio. Omnium sanctorum intercessionibus qs dne gratia tua nos protegat. et christianis omnibus uiuentibus atque defunctis. seu que sua hic optulerunt. uel seruierunt. tua fuerunt rectores. misericordiam tuam ubique pretende. ut uiuen[115r]tes ab omnibus impugnationibus defensi. tua optitulatione saluentur. et defunctis remissionem mereantur suorum omnium accipere peccatorum.

Oratio. Maiestatem tuam dne clementissime pater suppliciter exoramus. et mente deuota postulamur. pro fratribus et sororibus nostris. siue pro omnibus benefactoribus nostris. uel pro his qui nobis propria crimina uel facinora ante tuam maiestatem confessi sunt. et in nostris orationibus se commendauerunt. tam pro uiuis quam et pro salutis mortuis. quorum elemosinas erogandas suscepimus. et eorum nomina ad rememorandum conscripsimus. quorum nomina super sanctum altare tuum scripta adesse uidentur. Concede propitius dne. ut hec sacra oblatio. mortuis prosit ad ueniam. et uiuis proficiat ad medelam. et fidelibus tuis pro quibus hec eadem offertur indulgentie tue pietatis succurre. per

SABBATO

Xpe audi nos. *iii.*
Pater de celis deus miserere nobis. [115v]

[. . . . .] *3 unlesbare (radierte) Zeilen*

Sancta maria. ora
Sancta dei genitrix. ora
Sancta mater dni. ora
Sancta mater castitatis. ora
Sancta mater luminis. ora
Sancta mater misericordie. ora
Sancta uirgo uirginum. ora

76: ?   77: F 2598

Sancte michahel. ora
Sancte gabrihel. ora
Sancte raphahel. ora
Omnes sancti angeli et archangeli. or(ate)
Omnes sancti throni et dominationes. or.
Omnes sancti principatus et potestates. or.
[. . .]
Omnes sancti patriarche et prophete. or.
Sancte iohannes precursor dni. ora
Sancte petre. ora
Sancte paule. ora
Sancte andreas. ora
Sancte iacobe. ora
Sancte iohannes. ora
Sancte philippe. ora
Sancte bartholomee. ora
Sancte mathe. ora
Sancte symon. ora
Sancte thadee. ora
Sancte mathias. ora
Sancte barnaba. ora
Sancte marce. ora
[. . .]
Sancte iohannes euangeliste.
[. . .]   [116r]
Omnes sancte innocentes. or.
Sancte stephane. ora
Sancte line. ora
Sancte clete. ora
Sancte clemens. ora
Sancte xyste. ora
Sancte corneli. ora
Sancte cipriane. ora
Sancte laurenti. ora
Sancte uincenti. ora
Sancte grisochone. ora
Sancte apollinaris. ora
Sancte iubenalis. ora

Sancte ualentine. ora
Sancte adriane. ora
Sancte anastasi. ora
Sancte pancrati. ora
Sancte theodore. ora
Sancte iuliane. ora
Sancte cesari. ora
Sancte iuste. ora
Sancte uite. ora
Sancte potite. ora
Sancte modeste. ora
Sancte celse. ora
Sancte sauine. ora
Sancte quintine. ora
Sancti iohannes et paule. or.
Sancti abdon et sennes. or.
Sancti cosmas et damiane. or.
Sancti sergi et bachi. or.
Sancti prime et feliciane. or.
Sancti nazari et celse. or.
Sancti geruasi et protasi. or.
Sancti marcelline et petre. or.
Sancti marcelle et apollee. or.
Sancti rufe et carponi. or.
Sancti nabor et felix. or.
Sancti nicander et marciane. or.
Sancti fabiane et sebastiane. or.
Sancti nerei et achilee. or.
Sancte dionisi cum sociis tuis. or.
Sancte maurici cum sociis tuis. or.
Sancti quattuor coronati. or.
Sancti septem fratres. or.
Sancti quadraginta martyrum. or.
Omnes sancti martires. or.
Sancte siluester. ora
Sancte ylarie. ora
Sancte martine. ora
Sancte hieronime. ora

Sancte ambrosi. ora
Sancte augustine. ora
Sancte gregori. ora
Sancte leo. ora
Sancte isidore. ora
Sancte germane. ora
Sancte beda. ora
Sancte leuce. ora
Sancte elene. ora
Omnes sancti pontifices et confessores. or.
Sancte simplici. ora
Sancte benedicte. ora
Sancte maure. ora
Sancte placide. ora
Sancte antoni. ora
Sancte basile. ora
Sancte nycolae. ora
Sancte saba. ora
Sancte effrem. ora
Sancte pachomi. ora
Sancte arseni. ora
Sancte columbane. ora
Sancte cassiane. ora
Sancte germane. ora
Sancte donate. ora
Sancte honorate. ora
Sancte libertine. ora
Sancte fortunate. ora
Sancte bonifaci. ora
Sancte constantine. ora
Sancte abraham. ora
Sancte isaac. ora
Sancte danihel. ora
Sancte moysen. ora
Sancte hylarion. ora
Sancte frontoni. ora [117r]
Omnes sancti monachi et heremite. or.
Sancta felicitas. ora

Sancta perpetua. ora
Sancta agathe. ora
Sancta lucia. ora
Sancta agnes. ora
Sancta cecilia. ora
Sancta sabina. ora
Sancta euphemia. ora
Sancta eugenia. ora
Sancta scolastica. ora
Sancta restituta. ora
Sancta uictoria. ora
Sancta columba. ora
Sancta barbara. ora
Sancta digna. ora
Sancta merita. ora
Sancta concordia. ora
Sancta marina. ora
Sancta cristina. ora
Sancta rufina. ora
Sancta eufigenia. ora
Sancta prisca. ora
Sancta eulalia. ora
Sancta innocentia. ora
Omnes sancte uirgines. or.
Xpe audi nos. *iii.*
Propitius esto parce nobis dne. Propitius esto libera nos dne.
Propitius esto defende nobis dne.
Ab omni malo. l(ibera)
Ab insidiis diaboli. l.
A persecutione omnium inimicorum. l.
A periculo mortis. l.
A subitanea eterna morte. l.
A pena inferni. l.
A delectationibus carnis. l.
Ab immunditiis mentis et corporis. l.
Ab ira et odio et omni mala uoluntate. l.
A spiritu inanis glorie. l.
A spiritu superbie. l.

A diebus malis. l. [117v]
A malis operibus. l.
Ab omni peccato. l.
Per mysterium sancte incarnationis tue. l.
Per natiuitatem tuam. l.
Per baptismum tuum. l.
Per crucem et passionem tuam.
Per sanctam resurrectionem tuam.
Per gloriosam ascensionem tuam.
Per aduentum spiritus sancti. l.
In die iudicii. l.
Nos peccatores. te. l.
Ut parcas nobis. te. l.
Ut pacem nobis dones. te. l.
Ut ecclesiam tuam regere et defensare digneris. te.
Ut cuncto populo christiano pacem et unitatem donare digneris. te.
Ut omnes ecclesiasticos grados in sancta religione conseruare digneris. te.
Ut regibus et principibus nostris ueram pacem et concordiam donare digneris. te.
Ut subditas illis facias omnes barbara nationes. te.
Ut congregationem nostram in sancta religione conseruare digneris. te.
Ut animas nostras et parentum nostrorum ab eterna dampnatione eripias. te.
Ut mentes nostras ad celestia desideria erigas. te.
Ut fidem spem. et caritatem nobis augeas. te.
Ut sanctum angelum tuum nobis ad tutela mittere digneris. te. [118r]
Ut regularibus disciplinis nos instruiris. te.
Ut obsequium nostre seruitutis rationabiles facias. te.
Ut oculos misericordie tue super nos reducere digneris. te.
Ut ad promissum glorie tue premium nos perducere digneris. te.
Ut omnibus benefactoribus nostris eterna bona tribuas. te.
Ut fidelibus defunctis requiem eternam donare digneris. te.
Ut nos exaudire digneris. te.
Filius dei. te.
Redemptor mundi. te.

Saluator mundi. te.
Agnus dei qui tollis peccata mundi. miserere.
Agnus dei qui tollis peccata mundi. exaudi nos dne.
Agnus dei qui tollis peccata mundi. dona nobis pacem.
Xpe audi nos. *iii.*
Filius dei. *et* Propitius. *et Capilula. require retro.*

78

(*Oratio.*) Deus qui nos conspicis in tot perturbationibus non posse subsistere. afflictorum gemitum propitius respice. et mala omnia que meremur auerte.

79

Oratio. Clamantium ad te qs dne preces dignanter exaudi. ut sicut niniuitis in afflictione positi pepercisti. ita et nobis in presenti tribulatione succurre. [118v]

80

(*Orato.*) Propitiare dne supplicationibus nostris. et animarum nostrarum medere languoribus. ut remissione percepta. in tua semper benedictione letemur.

81

Oratio. Fac nos qs dne deus noster. tuis obedire mandatis. quia tu nobis prospera cuncta prouenient. si te totius uite sequamur auctore.

82

Oratio. Precibus nostris qs dne aurem tue pietatis accomoda. et orationes supplicum occultorum cognitor benignus exaudi. ut te largiente ad uitam perueniant sempiternam.

83

Oratio. Presta qs omips deus. ut qui iram tue indignationis agnouimus. misericordie tue indulgentiam consequamur.

84

Oratio. Tribulationem nostram qs dne propitius respice. et iram tue indignationis quam iuste meremur propitius auerte.

85

Oratio. Aures tue pietatis qs dne precibus nostris inclina. ut qui peccatorum flagellis percutimur. miserationis tue gratia libere liberemur.

| 78: F 2119 | 79: F 2103 | 80: F 492 | 81: F 290 |
| 82: F 2097 | 83: F 2106 | 84: F 2107 | 85: F 2068 |

A diebus malis. l. [117v]

A malis operibus. l.

Ab omni peccato. l.

Per mysterium sancte incarnationis tue. l.

Per natiuitatem tuam. l.

Per baptismum tuum. l.

Per crucem et passionem tuam.

Per sanctam resurrectionem tuam.

Per gloriosam ascensionem tuam.

Per aduentum spiritus sancti. l.

In die iudicii. l.

Nos peccatores. te. l.

Ut parcas nobis. te. l.

Ut pacem nobis dones. te. l.

Ut ecclesiam tuam regere et defensare digneris. te.

Ut cuncto populo christiano pacem et unitatem donare digneris. te.

Ut omnes ecclesiasticos grados in sancta religione conseruare digneris. te.

Ut regibus et principibus nostris ueram pacem et concordiam donare digneris. te.

Ut subditas illis facias omnes barbara nationes. te.

Ut congregationem nostram in sancta religione conseruare digneris. te.

Ut animas nostras et parentum nostrorum ab eterna dampnatione
eripias. te.

Ut mentes nostras ad celestia desideria erigas. te.

Ut fidem spem. et caritatem nobis augeas. te.

Ut sanctum angelum tuum nobis ad tutela mittere digneris. te.
[118r]

Ut regularibus disciplinis nos instruiris. te.

Ut obsequium nostre seruitutis rationabiles facias. te.

Ut oculos misericordie tue super nos reducere digneris. te.

Ut ad promissum glorie tue premium nos perducere digneris. te.

Ut omnibus benefactoribus nostris eterna bona tribuas. te.

Ut fidelibus defunctis requiem eternam donare digneris. te.

Ut nos exaudire digneris. te.

Filius dei. te.

Redemptor mundi. te.

Saluator mundi. te.
Agnus dei qui tollis peccata mundi. miserere.
Agnus dei qui tollis peccata mundi. exaudi nos dne.
Agnus dei qui tollis peccata mundi. dona nobis pacem.
Xpe audi nos. *iii.*
Filius dei. *et* Propitius. *et Capilula. require retro.*

78

(*Oratio.*) Deus qui nos conspicis in tot perturbationibus non posse
subsistere. afflictorum gemitum propitius respice. et mala omnia
que meremur auerte.

79

Oratio. Clamantium ad te qs dne preces dignanter exaudi. ut sicut
niniuitis in afflictione positi pepercisti. ita et nobis in presenti
tribulatione succurre. [118v]

80

(Orato.) Propitiare dne supplicationibus nostris. et animarum nostrarum medere languoribus. ut remissione percepta. in tua semper benedictione letemur.

81

Oratio. Fac nos qs dne deus noster. tuis obedire mandatis. quia
tu nobis prospera cuncta prouenient. si te totius uite sequamur
auctore.

82

Oratio. Precibus nostris qs dne aurem tue pietatis accomoda. et
orationes supplicum occultorum cognitor benignus exaudi. ut te
largiente ad uitam perueniant sempiternam.

83

Oratio. Presta qs omips deus. ut qui iram tue indignationis agnouimus. misericordie tue indulgentiam consequamur.

84

Oratio. Tribulationem nostram qs dne propitius respice. et iram
tue indignationis quam iuste meremur propitius auerte.

85

Oratio. Aures tue pietatis qs dne precibus nostris inclina. ut qui
peccatorum flagellis percutimur. miserationis tue gratia libere liberemur.

78: F 2119   79: F 2103   80: F 492   81: F 290
82: F 2097   83: F 2106   84: F 2107   85: F 2068

tione profluenti imbre perfunde. sicut perfudisti hora uestimento-
rum aaron. benedictione perfluentis tua pi(eta)te usque ad barbam
hungenti. et sicut benedixisti uestimenta omnium religiosorum tibi
per omnia placentium. ita benedicere dignare. ac presta clementissime pater. ut famulo tuo. ill. hec sit uestis salubris protectionis.
hec cognitio uero religionis. hec initium sanctitatis. hec contra
omnia tela inimici robusta defensio. ut sicut continens exami fructus dono. atque ut uirgo centesimi muneris opulentia. in utramque
partem. seruata continentia ditetur. per

104

(*Oratio*) Dne ds bonorum initiorum dator. omnium benedictionum
largissime infusor. te subnixis precibus deprecamur. ut hanc
uestem benedicere et sanctificare digneris. quam famulus tuus ill.
pro indicio cognoscende religionis induere uult. ut inter reliquos
uiros. tibi cognoscatur dicatus. per [120v]
Tunc leuet eum abbas de pauimento canendo psalmum. Ecce quam
bonum *totum cum* Gloria. *Iterum prosternatur et sequatur*

105

Oratio. Tuam clementissime pater omnipotentiam supplices deprecamur. ut infundere digneris super hunc famulum tuum ill. qui
tuo cupit seruitio mancipari. spiritum sapientie. et intelligentie.
discrepationisque concedere digneris. dones ei in hac domo tua
ita agere. ut iniunctum sibi in tempore officium fideliter ammini-
strare. et tibi placere ualeat. et ad utilitatem seruorum tuorum.
perfectissime expleatur. propter quod et hic et in futuro seculo
mercedem laboris sui. in consortio sanctorum tuorum. a te piissi-
mo largitore percipiat. per
Ds qui pro te renuntiantibus *require retro in feria V.*
*Tunc ipse frater nouicius prosternatur singulorum pedibus ut
orent pro eo. et ex illa die in congregatione deputatur.*

106

Oratio. Omnipotens sempiterne ds. cuius ardore succensus hic
famulus tuus ill. stabilitatem suam tibi in hoc monasterio (pro-
mittendo. legis tue iugo colla submittit. concede propitius ut in
ultimo die examinationis cum sanctis omnibus in dextera iudicis
locatus cuncta suae deuotionis promissa se adimplesse letetur. per)

104: PRG I, 71   105: PRG II, 330   106: PRG I, 71

[.....]

(Ego frater ... promitto stabili) [121r] tatem et conuersionem
morum meorum. et obedientiam secundum regulam sancti patris
nostri benedicti in hoc sco monasterio ubi sacratissimum corpus eius
humatum est. in presentia reuerentissimi abbatis nostri domni ill.
et huius sancte congregationis. ut post excessum uite presentis
societatem sanctorum percipere merear in sede polorum. Amen.
Et manu propria super altare ponit. quam dum posuerit. mox inci-
pit ipse nouicius hunc uersum.

107

Suscipe dne secundum eloquium tuum et uiuam et ne confundas
me ab expectatione mea.
Quod tertiore petatur ab omni congregatione. Cum Gloria. *Deinde*
Kyrie *et* oratio dominica. *et u. capitula.* Saluum fac serum tuum.
Mitte eis dne auxilii. Dne exaudi orationem.

(MISSA PRO MONACHO)

(*Introitus.*) Dum sanctificatus fuero in uobis congregabo uos de
uniuersis terris et effundam super uos aqua munda et mundabi-
mini ab omni inquinamentis uestris et dabo uobis spiritum nouum.
(*Ps*) Adtendite (77).

108

(*Oratio.*) Ds qui beatissimum benedictum electum tuum. abstractum a mundi turbinibus tibi soli militare iussisti. tribue qs. ut hic
famulo tuo ill. sub eidem magisterio ad tuum seruitio festinantibus
perseuerationis in[121v]stantiam. et persecutionis usque in fine
uictoriam. per
Lectio epistolae beati pauli apostoli ad romanos (1 Petr 5, 6–11)
Karissimi. Humiliamini igitur sup potenti manu dei ... solidauit
quia ipsi gloria et imperium in secula seculorum. Amen
Graduale. Beata gens cuius es dne ds eorum populus quem elegit
dns in hereditatem sibi. V̵. Uerbo dni celi firmati sunt et spiritus
oris eius omnis uirtus eorum.
Sequentia sancti euangelii secundum iohannem (Lc 18, 28–30). In

107: PRG I, 71   108: PRG I, 72

illo tempore dixit symon petrus ad ihm. Ecce nos reliquimus omnia … in hoc tempore. in saeculo uenturo uitam aeternam.
Offertorium [. . . . .]

Lücke in der Handschrift

(AD MANDATUM IN DIEBUS SABBATORUM)[1]

[. . . . .]
[122r] (*Neumen*) xpm descendit mundum redimeret et liberaret
a morte anime. exemplum dedit suis discipulis ut sibi inuicem pedes abluerent. *Ps.* Deus misereatur. *Totum* (66). *Omnes uersum*
repetunt a capite.
Congregauit nos christus ad glorificandum se ipsum. reple domine animas nostra(s) sancto spiritum. A solis ortum. Congre-
ga(uit). Deus qui abitare. Reple dne.
Maneant in nobis spes fides caritas tria hec maior autem his est
caritas. Nunc autem. Maior.
Antiphona. (*Neumen*) In hoc cognoscant omnes quia mei estis discipuli si dilectionem habueritis ad inuicem (*Ps*) Laudate dnm omnes gentes (116)[2].
Hoc finito erigant se omnes dicendo.
Antiphona. (*Neumen*) Benedicta sit sancta trinitas atque indiuisa
unitas. confitemini ei quia fecit nobiscum misericordiam suam.
℣. Benedicamus.
Antiphona. Benedicta. ℣ Gaudemus *et* Quia fecit.
Quando incipit antiphona: Benedicta. *ducatur cera parata. in ca-*
pitulo cum cereis accensis tunc sedeant omnes. et incipit primi-
cerius cuius dies est
Antiphona hec. [122v] (*Neumen*) Sancta maria succurre miseris
adiuba pusillanimes. refoue debiles. ora pro populo. interueni pro
clero. intercede pro deuoto femineo sexu. sentiant omnes tuum
leuamen quicumque celebrant tuum sanctum nomen.
Conueniantur inuicem primicerium ut semper unus chorus incipit

---

[1] Überschrift nach Cod. Vat. lat. 4928 fol. 299 (aus Benevent, S. Sofia). Zum
monastischen Mandatum vgl. Th. Schäfer, Die Fußwaschung (= Texte und
Arbeiten 47, Beuron 1956).
[2] Diese Antiphonen z. T. in PRG II 78 und in: Ephem. lit. 73 (1959) 434.

una antiphona. et alter alia. et hoc est consuetudo sicut per ordi-
nem sedent clerici in capitulo sic per ordine expendant primicerii
illas antiphonas. Inter natos mulierum.

Antiphona [pro eo]. (Neumen) Pro eo quod non credistis uerbis
meis erit tacens et si poterit loqui usque in die natiuitatis meius(!).
Gloriosi principes terre quomodo in uita sua dilexerunt se ita et in
morte non sunt separati. euouae.

O beatum uirum cuius anima paradisum possidet unde exultant
angeli letantur archangeli. Choris sanctorum proclama(nt) turba
[123r] uirginum in uita mane nobiscum in eternum pater sanctus
dum intenta oculorum aciem in splendore cortice lucis habere
uideretur uidi germani anima capuani episcopi in spera ignea ab
angelis in celum deferri.

O maure pater sancte custos tuorum et semper uisitator famulorum pro nobis indignis et ualde peccatoribus intercede.

Celsa secreta in columbe specie pernicitate uolucris petere uidit
sancte scolastice anima beatus benedictus.

Saluator mundi salua nos omnes sancta dei genitrix uirgo semper
maria ora pro nobis precibus quoque sanctorum. patriarcharum et
prophetarum apostolorum et martyrum confessorum et uirginum
et angelorum omnium. suppliciter petimus. [123v]

Ut a malis omnibus eruamur bonisque omnibus nunc et semper
perfrui mereamur alleluia.

Antiphona. Sanctum est uerum lumen et ammirabile ministrans
lucem hisque permanserunt in agone certamini recipiunt ab ipso
splendorem sempiternum in quo assidue felice letantur.

Antiphona. Gaudent in celis anime sanctorum qui xpi uestigia sunt
secuti et quia pro eius amore sanguinem suum fuderunt ideo cum
xpo exultent sine fine.

Antiphona. Simile est regnum celorum decem uirginibus que acci-
pientes lampades suas exierunt obuiam sponso et sponse. quinque
ex eis erant fatue et quinque prudentes. alleluia. alleluia. alleluia.

Si uolumus adiungimus antiphona de altare unde uocabulum ha-
bemus et si necesse est canimus antiphona sancte trinitatis.

[124r] Spes nostra salus nostra honor noster in beata trinitas.

Antiphona. Liuera nos saluantis iustifica nos o beata trinitas.

Antiphona. De iure laudant te adorant te glorificant omnes creature tue. o beata trinitas.

Antiphona. Benedicta sit creatrix et gubernatrix omnium sancta et indiuidua trinitas et nunc et semper et per infinita seculorum secula.

Item quando non canimus ipse a(antiphonas) secundum romano. quomodo supra scripte sunt canimus secundum ambrosiano hoc modo.

Sancta maria exora semper pro christianis omnibus ut per te liberemur ab ostium insidiis quorum patrona pia esse domina.

Antiphona. Celestis militie princeps magne michahel deprecare xpm pro afflictorum gemitum redemptorem mundi.

Antiphona. Inter natos mulierum non est maior anime baptista maior prophetis et minor angelis qui prepara[124v]uit corda fidelium. Petrus apostolus et paulus doctor gentium ipsi nos docuerunt legem tuam dne.

O quantus luctus omnium quanta precipue lamenta monachorum et uirginum chorus quia pium est gaudere martino et pium est flere martinum.

Gloriosus confessor dni benedictus uitam angelicam gerens in terris speculum diuinum factus est mundo omnium. et ideo cum xpo sine fine iam gaudet. (*Neumen zu Ende*)

Est consuetudo ut postquam quinque uel sex monachi sunt loti. erigant se ebdomadarii de seruitio ecclesie. et unus accipiat recentarium et conca parua et alter accipiat mappa et quomodo per ordinem sibi lauant pedes sic per ordinem eis prebeant aquas ad manus et mappa. ipsi fratres qui sibi manus labant erigant se paruum. et inclinet capud ad fratres qui eis prebuerunt mappa ad spergendum.

Postquam abluti fuerint omnes. lauent linteis ipsi fratres qui pedes abluerunt. deinde abluant sibi manus et discingantur singulis quibus precinctis super scapulares. ueniantque in capitulum et faciunt reuerentiam. pergantque ad refectorium preparant uasa cum quibus bibere debeant fratres.

Facta autem reuerentia fratribus seruitoribus in capitulo erigant se omnes et dicant. Gloria patri ... *Post hec.* Kyrie. Xpe. Kyrie. Pater noster *et capitula.*

Saluos nos fac dne ds nr. ℞. Et c(ongrega nos de nationibus). Ut confiteamur nomini sancto tuo. ℞. Et gloriemur (in laude tua). Memento nostri dne in beneplacito. ℞. Uisi (ta nos in salutari tuo).

Memento congregationis tua. ℟. Quam (possedisti ab initio). Dne exaudi orationem (meam). ℟. Et (clamor meus ad te ueniat).

109

[125r] Oratio. Adesto dne officio nostre seruitutis. qui pedes lauare dignatus es tuis discipulis. ne despicias opera manuum tuarum que nobis retinenda mandasti. ut sicut a nobis hic exteriora abluuntur inquinamenta. sic a te omnium nostrum interiora lauentur peccata. quod ipse prestare

INCIPIT ORDO AD AQUA BENEDICENDUM

Deus in adiutorium. *cum* Gloria. *Ps.* Dni est terra *usque* Hic accipiet. *et* Gloria. *Ps.* Afferte dno (23, 28) *cum* Gloria *et* Benedicite omnia opera dni. *et Letania et Kyrie.* Dns uobiscum.

110

(*Oratio.*) Exorcizo te creatura salis per deum uiuum. per deum uerum. per deum sanctum. per deum qui te per heliseum propheta. in aqua mitti iussit. ut efficiaris sal exorcizatum. in salute credentium. et sis omnibus te sumentibus sanitas anime et corporis. et effugiat atque discedat ab eo loco quo aspersum fuerit omnem fantasiam et nequitiam uel uersutiam diabolice fraudis. omnisque spiritus inmundus adiuratus. per eum qui uenturus est iudica(re).

111

(*Oratio.*) Benedic omips deus hanc creatura salis. tua benedictione celesti. in nomine dni nostri ihu xpi. et in uirtute sancti spiritus tui. ut in nomine trinitatis efficiatur salutaris [125v] sacramentum ad effugandum inimicum quem tu dne qs sic sanctificando. sanctifices. benedicendo. benedicas. ut fiat ex eo perfecta medicina. per eundem

112

(*Alia.*) Exorcizo te creatura aque in nomine dei patris omnipotentis et in nomine dni nri ihu xpi. ut immundus spiritus et incursio satane separetur ab hanc creature aque proinde ergo efficere

109: PRG II, 331   110: PRG I, 84
111: Franz I, 166   112: PRG I, 84

aqua exorcizata ad effugandam omnem fantasiam inimicum era-
dicare et explantare in nomine dni nri ihu xpi. qui uenturus est

113

Hic mittit sal in aqua. Presta dne tuum salubre remedium super
hanc creaturam salis et aque. ut ubicumque aspersa fuerit anime et
corporis proficiat sanitate. per

114

Te autem creature aque adiuro te per deum sanctum. per eum te
adiuro qui in te principio separauit ab arida. Adiuro et per deum
uiuum. qui te de fonte paradisi manabit. et quattuor fluminibus
exire iussit. et totam terram rigare praecepit. Adiuro te per eum
qui te in chana galilee sua potentia conuertit in uinum. qui super
te suis sanctis pedibus ambulauit. qui tibi nomen posuit siloe.
Adiuro te per eum qui te neeman sirum a sua lepra mundauit [...]

Lücke von einem Blatt

[.....]

115

(*Item alia.* Deus qui super cherubim sublimi throno ... pla-)
[126r] catus aspicias. salis et aque huius creature tue benedictione
sanctifices. necessariis purificationibus facias efficaces. ut quicquid fuerit liquore eius aspersum ab omnibus inmunditias spirituum
malignorum uacuum fiat et liberum. nichil ibi pestilentie morbi-
dum nichil sit illius erroribus inquietum. omnem illic demonum
aduersantia potestatem per huius creature tue salis et aque depre-
cationes expellat. nec ullas diaboli ministrorumque eius insidias
inimici latere. aut nocere permittas. ubi de tuo auxilio presumitur.
et uirtus tui nominis inuocetur. per
Postea aspergatur aqua sanctificata dicente antiphona hec
(*Neumen*) Asperges me ysopo et mundabor lababis me et super
niuem dealbabor.
Et alius chorus Ps. Miserere (50). *Ant.* Asperges. *Ps.* Et secundum.
Ant. Asperges. *Ps.* Amplius. *Ant.* Asperges. Gloria patri. *Ant.*
Et super niue.
*Et aspersa aqua per omnia altarea et cruce. et in capita omnium
fratrum or. altare dicit.* Dominus uobiscum *et* (cum spiritu tuo.)

113: PRG II, 348   114: PRG II, 339   115: PRG II, 364

Presta dne famulis tuis. per hanc creaturam aspersionis sanitatem
mentis integritatem corporis tutelam salutis securitatem spei. cor-
roborationis fidei. caritatis fructum. hic et in eterna secula seculorum. Amen

Et incipit antiphona hec. [126v] (*Neumen*) Signum salutis ponent
dne in domibus istis ut non permittas introire angelum percutien-
tem in domibus istis. in quibus habitamus ponam signum meum
dicit dns. et protegam uos et non erit in uobis plaga nocens.
alleluia.

Deus de celis qui es pius deus da benedictionem super hanc domum
ut qui in ea habitant corporis sanitatem accipiant et uitam eternam possideant dextera dei patris benedicat et saluet protegat
et defendat ab omni malo populo huic conuenientem. det eis in
presenti seculo corporis sanitatem et post huius seculi finem uitam
sempiternam

Omnipotens deus mestorum consolatio laborantium et for[127r]
titudo peruenit ad te preces de quacumque tribulatione clamantium ut omnes sibi in necessitatibus suis misericordiam tuam gau-
deant affuisse.

Oportet nos mundum contempnere ut possimus sequi xpm do-
minum ne perdamus uitam perpetuam propter uanam huius mundi gloriam.

Te laudamus dne omnipotens qui sedes super cherubym et sera-
phym exaudi nos. Te laudant angeli et archangeli te uenerantur
prophete et apostoli. Te adoramus. te adoramus. te deprecamur
magnum redemptorem quem pater misit ouibus pastorem. Te laudamus deus noster.

Sicut pastor portat ouem perditam ad gregem suum. sic porto et
complector uos [127v] dicit dns. ego feci et ego feram ego creaui et
ego sustinui. ego redemi uos ego dimittam peccata uestra sanctus
sanctus sanctus hisrahel.

Terribile est xpiste iudicium tuum ubi cherubim et seraphim con-
tremescunt ubi angeli tremunt qui non peccauerunt ubi iusti ter-
rentur qui placuerunt coram te dne illi splendore tuo satiantur
libera saluator libera populum tuum de eterna. Alleluia.

116: Franz I, 143

Oremus dilectissimi nobis deum omnipotentem ut cunctis mundum purget erroribus morbos auferat famem depellat aperiam carcerem uincula dissoluat peregrinantibus redditum infirmitatem nauigantibus portu salutis indulgeat [128r] et pacem tribuat in diebus nostris insurgentesque repellat inimicos et de manu inferni liberet nos propter nomen tuum. (*Neumen zu Ende*)
Et si opus est adiunge de euangelio usque ad portas ecclesie. et antequam intrent dic orationem. Et mox ut ingredi ceperint. cantant antiphona de sancta maria et sancti ill. cui uocabulum est. et sancti benedicti. et sacerdos dicat ante altare. Pater noster *secreto. et capitula.*

117

Oratio in caminata. Exaudi nos dne sancte pater omnipotens eterne deus. emittere digneris sanctum angelum tuum de celis. qui custodiat protegat uisitet. et defendat. hunc locum. et omnes habitantes in ea. per

118

Oratio in refectorio. Omips et misericors deus. qui hanc famulos tuos. aliis refectione carnali. cibum uel potum te benedicentem cum gratiarum actione percipiant et hic et in eternum salui esse mereamur. per

119

Oratio in coquina. Deus a quo et per quem omnia bona creata consistunt. concede in (h)uius coquine domo dulcedinem tue benedictionis. ut sic exterius de donis tue misericordie corpora nutriantur. quatenus omnium ex ea sumentium sancti spiritus dona corda crassentur. per

120

Oratio in pristino. Deus qui fidelibus tuis celestem miseratus largitus es panem suggere in hoc effici[128v]enti panis ministerio. tui famulis uires. ut eorum opus multiplicans. eorum quandoque seruitium reconpenses. per

121

Oratio in orreo. Deus qui electos tuos sub granorum nomine celestibus orreis intromittis. concede nobis illuc quandoque uitiorum

117: PRG II, 354   118: PRG II, 357   119: ?
120: Franz I, 642   121: Franz I, 644

exutos paleis introire. et interim pro nostra substentatione fragilitatis. diuersa hec nobis germina generis multiplicata custodi. per

122

Oratio in dormitorio. Benedic dne hoc famulorum tuorum dormitorium. qui non dormis neque dormitas qui custodis israhel. custodi famulos tuos in hac domo quiescentes post laborem ab illusionibus fantasmaticis satane. uigilantes in preceptis tuis meditantur. dormientes te per soporem sentiant qui iacob in somnis apparuisti in nixu scale. et hic et ubique defensionis tue auxilio muniantur.

123

Oratio in cellario. Omnipotens sempiterne deus. qui per cuncta diffusus hubique totus presens es magestatem tuam. humiliter deprecamur. ut huic promtuaria gratiam tuam adesse dignetur que cuncta aduersa ab eo repellat. et habundantia [129r] benedictionis tue largiter infundas. per

124

Oratio (in apotheca.) Deus qui tuorum corda fidelium spiritali uino letificas. da mentibus nostris illius continua infusione debriari. et in ahc(!) apotheca. tue munere lalgitatis(!). uina nostris usibus semper affluere. per

125

Oratio in domo. Te dne sancte pater omips sempiterne deus. suppliciter exoramus. ut hac domo benedicere. et sanctificare. et bonis tuis replere digneris. et infra parietes domui huius angelus lucis inhabitet qui foueat atque custodiat famulos tuos in hoc loco frequentibus atque commorantibus. per

126

Oratio in hospitali. Deus cuius filius in susceptis se asserit hospitibus suscipi. presta ut eum frequenter suis in membris his suscipiamus. domiciliis atque purgati ab omni iniquitatis crimine nostris per se ipse dignatur pectoribus ospitari. per

127

Oratio in domo infirmorum. Omips et misericors deus qs inmensam clementiam tuam ut ad introitus humilitatis nostre famulos tuos hoc in habitaculo fessos iacentes salutifere consolatione [129v] uisitare digneris. et sicut uisitasti dne tobiam et sarram

122: PRG II, 357   123: PRG II, 357   124: Franz I, 640
125: ?   126: Franz I, 643   127: Franz I, 637

socrum petri puerumque centurionis ita isti pristina sanitate anime
et corporis recepta gratiarum tibi in ecclesia tua referant actionem. per

Oratio ante ecclesia. Uiam sanctorum omnium ihu xpe ad te
uenientibus claritatis gaudia contulisti. introitum templi istius
spiritus sancti luce profunde qui locum istum sanctorum tuorum
martyrum sanguinem uel confessorum reliquiis consecrasti. presta
omips deus. ut omnis isti in te credentibus optineant ueniam pro
delictis ab omnibus liberentur angustiis. impetrent quicquid pe-
tierint pro necessitatibus suis placare semper preualeant coram
oculis tuis quatenus per te sanctum benedictum militem tuum
mereamur aulam paradysi introire. Salua(tor)

(*Oratio.*) Dne ihu xpe qui introitum hierusalem ualua sanctifi-
casti dum in splendore gemmarum duodecim totidemque nomina
apostolorum presignasti. et qui per organum propheticum pre-
misisti lauda hierusalem dnm qui confortauit seras porta[130r]
rum tuarum benedixisti filios tuos in te. te qs. ut ponas omnibus
finibus domus istius sancti ill. pacem ut uelociter currens interius
sermo tuus. Adipe frumenti satiet eos. spiritus sanctus descendat
illos ut numquam eis nocere preualeat inimicus. sed omnis habitantes interius uoce et corde et ore. decantent dicentes. magnus
dns nr ihs xps. et magna uirtus eius. et sapientia eius non est numerus. per *Oratio ante alte altare.* Pater (noster *et Capitula*).
(℣.) Aue maria gratia plena. ℞. Dns tecum.
(℣.) Posuisti dne super capud eius ℞. Coronam.
(℣.) Exultent iusti in conspectu dei. ℞. Delectentur.
(℣.) Dne exaudi orationem meam. ℞. Et clamor.

(*Oratio.*) Deus qui renuntiantibus seculo mansiones paras in celo.
dilata sancte huius congregationis temporalem habitaculum celestibus bonis ut fraterne teneantur compagine caritatis. unanimes
continentie. precepta custodiant sobrii. simplices. et quieti. gratis
sibi datam gratiam fuisse cognoscant. concordet illorum sentiatur
in opere. per

128: PRG II, 361   129: PRG II, 360   130: PRG II, 332

(*Oratio.*) Suscipe dne preces nostras et muro custodie tue hoc sanctum ouile circumdat. ut omnia [130v] aduersitate depulsa sit. hoc semper domicilium incolomitatis et pacis. per

(*Oratio.*) Exaudi dne orationem congregationis tue. quam redemisti sanguine tuo. et firma eos fide. auge eis caritatem. multiplica dilectionem fac eos humilitatem stabiles patientia longanimes. in tribulatione patientes. da eis possibilitate semper gratias agere. non eos prospera eleuent. Non aduersa perturbent. non superbia inflet. non luxuria inquinet. non inuidia mordeat. Sed ex toto corde. te diligant teque amant in te permaneant. ut cum die iudicii. ante conspectum tuum aduenerint. mundati a uitiis. purificati a peccato. letifica corde. regnum tuum suscipiant gaudentes. Salua(tor)

(℣.) Saluos fac seruos. (℟.) Deus meus.

(℣.) Mitte eis dne. (℟. Et de sion tuere eos.)

(℣.) Dne exaudi.

Oratio pro fratribus qui de coquina exeunt. Presta qs omips deus ut hic famulo tuo pro expleta officio. merces tribuatur eterna. per

(*Oratio*) *per fratribus qui ingrediuntur.* Concede qs misericors deus. ut hic famulus tuus suscep[131r]tum officium. mente deuota perficiant. per

Pro ebdomadario lectore capitula.

(℣.) Saluum fac seruum tuum. ℟. Deus meus.

(℣.) Dns custodiat te ab omni malo. ℟. Custo.

(℣.) Dns custodiat introitum tuum. ℟. Ex hoc.

(℣.) Dne exaudi orationem. ℟. Et.

(*Oratio.*) Aufer qs dne ab hoc famulo tuo spiritum elationis. et mentem eius tuo semper accende amore. per

In natale domini in refectorio. Deus qui a nostre salutis. remedium. et uere humilitatis exemplum filium tuum. et carne sumere.

131: PRG II, 332   132: ?   133: ?
134: ?   135: cf. PRG II, 332   136: ?

100

et paruulum in presepio poni uoluisti. presta nos nostraque subsidia. que cum gratiarum sumus actione sumpturi. benedici. ut per eius humilitatis. exempla gradientes. de eius mereamur in perpetuum uisione letari. per

137

Oratio in epiphania in refectorio. Deus qui hunc sacratissimum diem multiplicibus sacramentorum mysterii decorasti benedictionis tue qs gratia super nos nostraque subsidia benignus infunde. et concede nobis ad paradysi gaudia a quibus peccando discessimus. quod in illo trium magorum itinere designatum est per uiam aliam. id est iustitie et [131v] et sanctitatis reuerti. per

138

Oratio in palme in refectorio. Deus cuius filius asello in tipo gentilis populi sedens. eternam ciuitatem clamantibus osanna filio dauid turbis ingressus est et temporalia hec nobis ante tributa dona sanctifica. et presta ipse nobis presidens ad eter(na) nos celesti urbis refectionis perducas. per

139

Oratio in cena domini in refectorio. Deus qui hodierna die ob humilitatis exemplum. pedes discipulorum tuorum lauare dignatus es. eorum denique corpore et sanguine tuo impertisti. benedic qs dona nobis largita atque ad resurrectionis diem. nos facias peruenire gaudentes. qui uiuis et regnas

140

Oratio in sabbato sancto in refectorio. Deus qui nos per pascalia festa letificas. aposita hec nobis. tua dona sanctifica. et fac nos ad gaudia peruenire eterna. per

141

Benedictione mense in sollempnitate pascha. Bonorum omnium largitor donorum dne deus omips. qs clementiam tuam. dignare sanctificare hac benedicere. hec alimenta seruorum tuorum paschalis gratie benedictione ut dum inter tempora[132r]lia festa letamur xpi tui dni nostri resurrectione innouati. spiritalibus quoque deliciis refectis eternis gaudiis adiungi mereamur. per eundem

137: ? 138: ?
139: ? 140: ?
141: ?

Feria III in refectorio. Deus qui die(!) modicis quinque milia uirorum dapibus refecisti. benedic et multiplica tuis in hoc apponenda. cenaculo famulis eorum qui mentem reficias corporalibus fac alimoniis habundare. per eundem

143

Benedictio in refectorio in ascensa domini. Ascensionis sue multiplici nos consolatione roborans fulgens unigenitus dei filius. que aposita sunt multiplici sanctificatione benedicat. per eundem

144

Oratio in pentecostes in refectorio. Infusione sancti spiritus celesti omni modo preclara abundantia perspicua nos nos clararita(!) illustrans. coeternis patri hunigenitus que accepturi sumus perspicua gratia benedicat. per

145

In sancti iohannis baptiste. Reficiamus dne per precursorem tuum de donis et datis tuis et de tue benedictione satiemur. per

146

In sancti petri apostoli in refectorio. Beati petri princeps apostolorum interuenti[132v]onibus que nobis ad medium sunt. prolata. xps dei filius benedicat. per

147

In sancte marie. Sancte dei genitricis marie gloriose et intemerate orationibus. que nobis appositus est rede(m)ptor omnium benedicat. per

IN COTIDIANIS DIEBUS (AD PRANDIUM)

(℣.) Benedicite. ℞. Deus.
(℣.) Oculi omnium in te s(perant)
(℣). Aperis tu manum. Gloria patri et filio. Kyrie. Xpe Kyrie.

148

(*Oratio.*) Deus qui nos a dilicia spiritales. semper inuitas. da benedictionem super hec dona tua. ut ea que in tuo nomine sunt edenda sanctificata percipere mereamur. Saluator.

142: ?   143: ?   144: ?   145: cf. PRG II, 373
146: cf. PRG II, 373   147: PRG II, 373   148: PRG II, 372

(*Alia.*) Tua nos dne gratia benedicat. et dona reficiat. Saluator

Alia. Benedic dne deus omips nos et hec dona tua que de tua largitate sumus sumpturi. Saluator

Alia. Satiasti nos dne de tuis donis hac datis. reple nos de tua misericordia quia tu es deus benedictus in secula seculorum. Amen.

Alia. Gratias agimus tibi dne deus omips de uniuersis beneficiis tuis. Saluator.

Ps. Miserere mei. Kyrie. Xpe. Kyrie [133r] Pater noster. *Capitula.*

(℣.) Dispersit dedit pauperibus. ℟. Manet in seculum seculi.

(℣.) Benedicamus dnm in omni tempore. ℟. Semper laus eius.

(℣.) In dno laudabitur animam meam. ℟. Audiant man(sueti.)

(℣.) Magnificate dnm mecum. ℟. Et exal(tate.)

(℣.) Sit nomen dni benedictum. ℟. Ex hoc nunc et usque in seculum.

Retribuere digneris dne omnibus bona facientibus propter nomen tuum uitam eternam. amen.

AD CENA

Edent pauperes et saturabuntur et laudabunt dnm qui requirunt eum uiuet cor eorum in seculum seculi.

Gloria patri. Sicut erat. Kyrie. Xpe. Kyrie. Pater noster.

Ad poma. Arboris fructum dns benedicat. *Si diuersa poma fuerit.* Arborum fructum dns benedicat.

Post mensa. Memoriam fecit mirabilium suorum misericors et miserator dns escam dedit timentibus se.

Gloria patri. Sicut. Kyrie eleison. Xpe eleison. Kyrie eleison.

149: cf. PRG II, 372   **150:** PRG II, 373
151: PRG II, 373   **152:** ?
153: ?

Es folgen Nachträge von später Hand:

[133v] (*Neumen*) Kyrie eleison. Xpe eleison. Kyrie eleison. Kyrie eleison ymas. Kyrie eleison. Xpe eleison. Kyrie eleison. Kyrie eleison. Kyrie eleison. Kyrie eleison. Xpe eleison. Kyrie eleison. Xpe eleison. Xpe eleison. Kyrie eleison. Kyrie eleison. Kyrie eleison.

IM(NUM). INUENTIO SANCTI STEPHANI PROTOMARTYRIS

[134r] Hunc diem fratres. stephani beati. quo sacre sunt reliquie repertemente deuota. celebrare cunctis. sexus uterque. Condecet plane. quia corde puro. martiris proto. celebrare festum. urbis istius. modice patroni. urbis et alte. Noctis in uisu. monuit pudicum.
(*Neumen*) Confessor dni maure paternis. summis pro meritis nominis eres. collibratus ades regis amicis. ⟨c⟩umctis precipuis omnitenentis. Clemens uis eum locum quo puer olim obuersatus eras dogmate sacro oblatus domi uodote parentu nutritore eluens. iam duodennis. Parens imperio curris in undis erepto socio laudebaris primum discipulum sic imitaris qui primus liquidas presserat undas. Claudus te querula uoce perurgens exinem petuafera prece gressu uirtutu studiis tantus haberis. quo magnis [134v] patribus par uidearis. Te dux eximius te pater aluum gallis archiatrum dat animarum hinc iam colla crimant oscula fratrum. abscessumque tuum flendo susurrant. Annos iam tibi dans auream libra ad lucis patriam lux tua spirat. qua solis radiis cuncta uidentis perfusus. placidi large coruscat. Te nunc suppliciter quesumus una ut nobis ueniam rite prefeceris euicto stadio quo mereamur tecum perpetua sede locari. Prestet alti throni summa potestas qui celi solio regnat in alto. sol uelle suo conditus eruans fixus inperitans cuncta regendo. Amen.[1]

[1] Facsimile und Übertragung bei E. M. Baumeister, Monumenti Vaticani de Paleografia musicale latina (Leipzig 1913) Tav. 71b und S. 123; vgl. B. Stäblein, Hymnen I (= Monumenta monodica medii aevi 1, Kassel 1956) 608.

(COLLECTARIUM)

(IN ADUENTU DOMINI. DOMINICA I)

201

[135r] Excita dne potentiam tuam et ueni. ut ab iminentibus peccatorum nostrorum periculis. te mereamur protegente eripi. te
liberante saluari. qui uiuis et regnas in secula seculorum. amen.

202

Festina ne tardaueris dne deus noster. et diabolico furore. nos potenter libera et conserua. qui uiuis

DOMINICA II

203

Excita dne potentiam tuam et ueni. et quod ecclesie tue promisisti.
usque seculi clementer operari. qui uiuis

204

Fac nos qs dne mala nostra toto corde respuere. ut ueniente dno
nro filio tuo. bona eius capere ualeamus. per eundem

205

Excita dne corda nra ad preparandas unigeniti tui uias. ut per eius
aduentum purificatis tibi mentibus seruire mereamur. qui.

206

Aurem tuam qs dne precibus nostris accomoda. et mentis nostre
tenebras. gratie tue uisitationis illustra. per eundem

207

Excita dne potentiam tuam et ueni. et magna nobis uirtute succurre. ut per auxilii gratie tue quod nostra peccata prepe[135v]
diunt. indulgentiam tue propitiationis acceleret. qui uiuis

208

Da qs dne populo tuo spiritum ueritatis et pacis. ut et te per
aduentum unigeniti tui tota mente cognoscat. et que tibi sunt placita toto corde sectetur. per eundem

201: H 185,1   202: H 189,2   203: H 193,1
204: H 204,15   205: H 186,1   206: H 188,1
207: H 192,1   208: ?

Exultemus qs dne ds nr. omnes recti corde in unitate fidei congregati. ut ueniente filio tuo saluatore nro. inmaculati occurramus illi.
in eius sanctorum comitatu. per eundem

210

Oratio ad cruce in aduentum dni usque in natale dni. Deus qui filium tuum per
beate uirginis uterum. ad hec infirma mundi descendere uoluisti. celeri nos
qs de eius natiuitatis aduentu. perpetue tribue libertate gaudere. per eundem
(Nachtrag)

IN SANCTI NICOLAY EPISCOPI

211

Omips sempiterne deus. qui hodierna die beatissimum nicolaum
confessorem tuum adque pontificem. etherea regna penetrare fecisti. da qs. supplicibus tuis digne illius sollempnia celebrare. ut
per eius uenerandam festitiuitatem. salutem consequamur et pace.
per

212

Da qs omips deus ut qui beati nicolay confessoris tui. atque pontificis. gloriosus estitit predicator. ita pro nobis aput te existat crimi-
nibus idoneus efficiat interuentor. per dnm

213

[136r] Dne deus omips qui dedisti populum tuum. magna in deserto ad satiandum ita precibus. beati nycolay confessoris tui. atque pontificis tribue nobis acquisisti cibum sempiterne salutis. per

ORATIONES IN SANCTI AMBROSII

214

Omips sempiterne deus. qui ecclesiam tuam beati sacerdotis et
confessoris tui ambrosii. et pontificatus officio. et fidei munere
sublimasti. tribue supplicibus tuis ut quicquid peccati contagione
contractum est. ipso nobis summo antistite intercedente soluatur.
per dnm

Alia. Eterne et omips deus. qui beatum ambrosium tui nominis confessorem. non solum huic ecclesie. sed omnibus per mundum diffusis ecclesiis doctorem dedisti presta. ut quod ille diuino affatus spiritu docuit iugiter stabiliatur in cordibus et quem patronum te donante amplectimur. eum aput tuam misericordiam defensorem habeamus. per

216

Alia. Sancti ambrosii confessoribus(!) tui atque pontificis nos dne iugiter prosequatur oratio. [136v] ut quod petitio nostra non impetrat. ipso pro nobis interueniente prestemur. per

IN SANCTE LUCIE

217

Exaudi nos deus salutaris noster. ut sicut de beate lucie festiuitate gaudemus. ita pie deuotionis erudiamur effectum. per

IN SANCI THOME APOSTOLI

218

Adesto nobis misericors deus. ut intercedente beato thoma apostolo tuo. tua circa nos propitiatus dona concede. per

IN UIGILIIS DOMINI

219

Deus qui nos redemptionis nostre annua expectatione letificas. presta. ut unigenitum tuum quem redemptorem leti suscipimus uenientem quoque iudicem securi uideamus. dnm nrm qui tecum uiuit et regnat deus in unitate sps sci. per omnia secula seculorum. amen

215: AmB 46   216: cf. AmB 882   217: H 187,1
218: Ba 322   219: H 5,1

220

Concede qs omips deus. ut nos unigeniti tui noua per carnem na-
tiuitas liberet. quos sup peccati iugo. uetusta seruitus tenet. per
eundem

221

Omips sempiterne deus. qui unc diem per incarnatione uerbi tui
et partum beate [137r] uirginis marie consecrasti. da populis tuis
in hac celebritate consortium. ut qui tua gratia sunt redempti tua
adoptione sint filii. per eundem

222

Da qs omips deus. ut qui noua incarnationis uerbi tui luce per-
fundimur. hoc in nro resplendeat opere. quod per fidem fulget in
mente. per eundem dnm

223

Alia. Da nobis qs omips. ut natiuitatem dni nri ihu xpi cuius
sollempnia colimus eius semper muniamur auxilium per eundem

224

Alia. Respice nos misericors deus et mentibus clementer humanis.
nascente xpo summe ueritatis lumen ostende. per eundem

225

Concede nobis omips deus. ut salutaris tui noua celorum lux ammirabilis. que ad salutem mundi hodierna festiuitatem processit.
nostris semper innouandis cordibus oriatur. per eundem

226

Cuncta dne qs. a nobis diabolica figmenta recluda. ut nostris re-
demptoris exordia. purificatis mentibus celebremus. per eundem

IN SANCTI STEPHANI

227

Da nobis qs dne imitari que colimus ut discamus et inimicos diligere. quia [137v] eius natalicia celebramus qui nouit etiam. pro
persecutoribus exorare. dnm nrm

220: H 8,1	221: H 9,5	222: H 7,2	223: S 68
224: H 9,1	225: H 9,4	226: V 13	227: H 10,1

Alia. Omips sempiterne deus. qui primitias martyrum in beati leuite stephani. sanguine dedicasti. tribue qs. ut pro nobis intercessor existat. qui pro suis etiam persecutoribus exorauit. per eundem

Presta qs omips deus. ut beatus stephanus leuita magnificas(!) sicut ante alios imitator dominice passionis. et pietatis enituit. ita sit fragilitatis nostre promtus adiutor. per eundem

Gratias agimus dne multiplicatis circa nos miserationibus tuis. qui et filii tui natiuitate nos saluas. et beati stephani martyris deprecatione sustentas. per eundem

IN SANCTI IOHANNI EUANGELISTA

Ecclesiam tuam dne benignus illustra. ut beati iohannis euangelista illuminata doctrinis ad dona perueniat sempiterna. per

Alia oratio. Deus qui per os beati iohannis apostoli tui. uerbi tui nobis archana reserasti. presta qs. ut quod ille nostris auribus excellenter infudit. intellegentie competentis eruditione capiamus. per eundem

[138r] Presta qs omips deus. ut excellentiam uerbi tui quam beatus iohannes euangelista asseruit. et conuenienter intellegere ualeamus ueraciter profiteri. per

ORATIO INNOCENTORUM

Discat ecclesia tua deus. infantum quos hodie ueneramur exemplo sinceram tenerem pietatem. que prius uitam prestitit sempiternam. quam possit nosse presentem. per

228: H 10,4   229: V 32   230: V 34
231: H 11,1   232: H 11,7   233: V 38
234: V 47

Alia oratio. Deus qui licet sis magnus in magnis mirabilia tamen gloriosius operaris in minimis da nobis qs. in eorum celebritate gaudere. qui filio tuo dno nro testimonio prebuerunt. etiam non loquentes. per eundem

236

Alia. Adiuua nos dne qs. eorum deprecationem sanctorum. qui filium tuum humana uoce necdum profitentes. celesti sunt pro eius natiuitate gratia coronati. per eundem

IN OCTAUA DOMINI

237

Deus qui nobis nati saluatoris die celebrare concedis octauum. fac qs nos eius perpetua diuinitate muniri. cuius sumus carnali commercio reparati. per eundem

238

Deus qui salutis eterne beate marie uirginitate fecunda humano generi premia presti[138v]tisti. tribue qs. ut ipsam pro nobis intercedere sentiamus per quam meruimus auctorem uite suscipere. ihm xpm

239

Omips sempiterne deus qui in unigenito tuo nouam creaturam nos tibi esse fecisti. custodi opera misericordie tue. et ab omnibus nos maculis uetustatis emunda ut per auxilium gratie tue in illius inueniamur forma. in quo tecum est nostra substantia. per

DOMINICA I POST OCTAUAM

240

Omips sempiterne deus. dirige actus nostros in beneplacito tuo. ut in nomine dilecti filii tui mereamur bonis operibus abundare. per eundem

235: H 12,4   236: V 44   237: V 48
238: V 993   239: V 994   240: H 15,1

IN UIGILIA EPIPHANIE

Oratio. Corda nostra qs dne uenture festituitatis splendor illustret. quod et mundi huius tenebras carere ualeamus. et perueniamus ad patriam claritatis eterne. per eundem

IN DIE EIUSDEM

242

Deus qui hodierna die unigenitum tuum gentibus stella duce reuelasti concede propitius. ut qui iam te ex fide cognouimus usque ad contemplandam speciem. tue celsitudinis perducamur. per

243

[139r] Omips sempiterne deus qui uerbi tui incarnationem preclari testimonio syderis indicasti. quod uidentes magi. oblatis maiestatem tuam muneribus adorarunt. concede ut semper in mentibus nostris tue apparead stella iustitie. et noster in tua sit confessione thesaurus. per eundem

244

Deus illuminator omnium gentium da populis tuis perpetua pace gaudere. et illud lumen splendidum infunde cordibus nostris. quod trium magorum mentibus aspirasti. per eundem

245

Presta qs omips deus. ut saluatoris mundi. stella duce manifestata natiuitatis mentibus nostris reueletur semper et crescat. per eundem.

DOMINICA I POST EPIPHANIA

246

Uota qs dne supplicantis populi celesti pietate prosequere. ut et que agenda sunt uideant. et adimplenda que uiderint conualescant. per

241: V 57   242: H 17,1   243: V 61
244: H 18,1   245: H 18,6   246: H 16,1

DOMINICA II POST EPIPHANIA

247

Omips sempiterne deus. qui celestia simul et terrena moderaris. supplicationes populi tui clementer exaudi. et pacem tuam nostris concede temporibus. per

DOMINICA III [139v]

248

Omips sempiterne deus. infirmitatem nostram propitius respice adque ad protegendum nos dexteram tue maiestatis extende. per

DOMINICA IIII

246

Deus qui nos in tantis periculis constitutos. pro humana scis fragilitate nos posse supsistere. da nobis salutem mentis et corporis ut ea que pro peccatis nostris patimur te adiuuante uincamus. per

DOMINICA V

250

Familiam tuam qs dne continua pietate custodi. ut que in sola spe gratie celestis inititur. tua semper protectione muniamur per

IN SANCTI MARCELLI

251

Oratio. Preces populi tui qs dne clementer exaudi. ut beati marcelli martyris tui adque pontificis meritis adiuuemur. cuius passione letamur. per

IN SANCTI FAUIANI

252

Oratio. Infirmitatem nostram respice omips deus. et quia pondus proprie actionis grauat. beati fauiani martiris adque pontificis tui intercessio gloriosa nos protegat. per

247: S 121   248: S 155   249: S 178
250: S 193   251: H 20,1   252: H 22,1

IN PURIFICATIO

253

Erudi qs deus plebem tuam. et que extrinsecus annua tribuis deuotione uener[140r]ari. interius assequi gratiae tue luce concede. per

254

Da nobis qs dne digne celebrare mysterium. quod in nostris saluatoris infantia miraculis coruscantibus declaratur. et corporalibus incrementis. manifesta designatur humanitas. per

255

Alia oratio. Omips sempiterne deus. maiestatem tuam supplices exoramus ut sicut unigenitus filius tuus hodierna die cum nostre carnis substantia in templo est presentatus. ita nos facias purificatis tibi mentibus presentari. per eundem

256

Alia oratio. Perfice in nobis qs dne gratiam tuam qui iusti symeonis expectationem inplesti. ut sicut ille mortem non uidit. nisi prius uideret xpm dni. ita nos uitam obtineamus eternam. per

IN SANCTE AGATHE

257

Beate agathe martyris tue precibus confidentes. qs dne clementiam tuam. ut per eam que celebramus. eterna remedia capiamus. per

IN SANCTE SCOLASTICE

258

Crescat dne qs semper in nobis sancte iocunditatis effectum. et beate uirginis tue scolastice meritis augeatur. per [140v]

259

Familiam tuam qs dne beate uirginis tue scolastice meritis. propitius respice. ut sicut ad ipsius preces optinendum quod cupit. imbre celitus descendere fecisti. ita eiusdem supplicationibus ariditatem nostri cordis. superne digneris gratie rore perfundere. per

253: H 27,1   254: H 18,5   255: H 27,2
256: H 27,5   257: H 28,6   258: cf. V 822
259: B 30

260

Beatissimorum nos qs dne martyrum tuorum faustini et iouitte. ueneranda passio tueatur. et sicut illos a ferarum morsibus igneumque cruciatibus exemisti. ita nos quoque a spiritibus uestiis noxiisque incendiis liberare digneris. per

IN CATHEDRA SANCTI PETRI

261

Deus qui beato petro apostolo tuo collatis clauibus regni celestis animas ligandi atque soluendi. pontificium tradidisti. concede. ut intercessionis eius auxilio. a peccatorum nostorum nexibus liberemur. per

IN SANCTI GREGORII PAPE

262

Deus qui frumenta tui eloquii beatum pontificem tuum gregorium esurientibus populis dispertire fecisti. concede tuis famulis toto mentis affectu seruare quod docuit. ut illuc quoque eodem aput te obtinentem. mereamur subsequi quo peruenit. per [14✝r]

263

Omips sempiterne deus. qui per hos beati pontificis tui gregorii eloquiorum tuorum nobis addita reuelasti. concede nobis aurem pectoris eius accomodare doctrinis. ut ad illam eius interuentum peruenire mereamur patriam ad quam ipse totis desideriis anelabat. per

264

Deus qui nos a delictorum facinoribus castigas nostrorum participatione sacramentorum expias. presta qs. ut beati gregorii meritis. et a cunctis uitiorum aduersitatibus eruamur. et celestis uite consortia consequi mereamur. per

260: B 31   261: H 129,5   262: B 33
263: ?   264: B 33

IN UIGILIA SANCTI BENEDICTI

265
Fac nos qs dne beati confessoris tui benedicti digne sollempnia celebrare. qui largitatis tue preuentus munere. laudabilis uite cursu glorioso fine conclusit. per

IN DIE EIUSDEM

266
Oratio. Omips sempiterne deus qui radiantibus beati benedicti confessoris tui exemplis arduum tuis imitabilem famulis iter fecisti. da nobis inoffensis per eius instituta gressibus pergere ut eiusdem in regione uiuentium mereamur gaudiis ammisceri. per [141v]

267
Annue tuis famulis omips deus. ut sicut beato confessore tuo benedicto aquam de rupis largitus es uertice. ita nobis eius suffragantibus meritis superne largiaris misericordie fontem. per

IN SANCTI MAURI

268
Deus qui in sanctorum tuorum es uirtute laudabilis. quique sancto confessori tuo mauro. talem obedientie gratiam largiri dignatus es. ut beatissimi patris nostri benedicti imperio placidum puerum gurgite abstractum redderet terris. concede nobis famulis tuis. ipsius festa deuotis animis celebrantibus ipso interueniente a peccatorum nostrorum profunditate eripi. et gaudiis patrie celestis adiungi. per

269
Omips sempiterne deus. qui in sanctis tuis semper gloriosus existis. maiestatis tue potentiam supplices exoramus. ut qui confessori tuo mauri. annua deuota mente colimus festiuitatem. meritis ipsius aput misericordiam tuam protegamur. et precibus adiuuemur. ut cuius digna ueneratione memoriam celebramus in terris. cum eodem aput te semper [142r] gaudere mereamur in celis. per

265: F 265   266: F 263   267: F 258
268: Dold I, 3   269: Dold I, 3

IN ANNUNTIATIO SANCTE MARIE

270

Deus qui beate marie uirginis utero. uerbum tuum angelo annun-
tiante carnem suscipere uoluisti. presta supplicibus tuis. ut qui
uere eam dei genetricem colimus eius apud te intercessionibus
adiubemur. per

271

Deus qui hodierna die uerbum tuum beate uirginis aluo coadunare
uoluisti. fac qs ita peragere ut tibi in omnibus placere ualemus. per

272

Protege dne famulos tuos subsidiis pacis et beate marie patrocinio confidentes. a cunctis hostibus redde securus. per

ALIA ANNUNTIATIO

273

Deus qui diuinis obsequiis angelorum magnificas dignitates. infirmitatem nostram respectu tue uisitationis illustra. ut quod per illos facias mirabiliter adipisci. per

274

Omips sempiterne deus. qui coeternum tibi filium hodie pro mundi salute secundum carnem spiritu sancto concupiendo angelico
ministerio beate marie semper uirgini declarasti. adesto propitius
populo tuo. ut ad ei natiuitatem pacem confessam liberibus animis
occuramus. per

DOMINICA IN SEPTUAGESIMA [142v]

275

Concede qs omips deus. fragilitate nostre suffitientiam compe-
tentem. ut separationis affectum. et pia conuersatione recenseat. et
cum exultatione suscipiad. per

270: H 31,1	271: H 31,2	272: S 683
273: P 388	274: S 677	275: V 70

116

DOMINICA IN SEXAGESIMA

276

Deus qui conspicis quia ex nulla nostra actione confidimus. concede propitius. ut contra aduersa omnia doctoris gentium protectione muniamur. per

DOMINICA IN QUINQUAGESIMA

277

Preces nostras qs dne clementer exaudi atque a peccatorum uinculis absolutos ab omni nos aduersitate custodi. per

DOMINICA IN QUADRAGESIMA

278

Deus qui ecclesia tua annua quadragesimalis obseruatione purificas. presta familie tue. ut quod a te obtinere abstinendo nitimur. hoc bonis moribus assequamur. per

ORATIO PER TOTA EBDOMADA

279

Conuerte nos deus salutaris noster. et ut nobis ieiunium quadragesimalis proficiat. mentes nostras celestibus instrue disciplinis. per

280

Sanctifica qs dne nostra ieiunia. et cunctarum nobis indulgentiam propitius largire culparum. per

281

Respice dne familiam tuam et presta. ut [143r] apud te mens nostra tua desiderio fulgeat que se carnis macerationem castigat. per

282

Pacem nobis tribue qs dne mentis et corporis. ut per ieiunium nostre fragilitatis et manifesti subiciantur hostes et inuisibiles excludantur. per

276: H 33,1   277: H 34,1   278: H 38,1
279: H 39,1   280: H 67,1   281: H 40,1
282: V 120

Alia. Ad hostes nostros dne superandos. presta qs. ut auxilium tuum ieiuniis tibi placitis. et bonis moribus impetremus. per

284

Alia. Deuotionem populi tui qs dne benignus intende. ut qui per abstinentiam macerentur in corpore. per fructu boni operis reficiantur in mente. per

285

Alia. Presta qs omips deus. ut familiam tuam que se affligendo carnem ab alimentis abstinent sectando iustitiam a culpa ieiunent. per

286

Alia. Perfice qs dne benignus in nobis obseruantie sancte subsidium ut qui te auctorem faciendam cognouimus te operante impleamus. per

287

Populum tuum dne propitius respice. et quos ab escis carnalibus precipis abstinere. a noxiis quoque uitiis cessare concede. per

288

Alia. Presta qs dne ut salutaribus ieiuniis [143v] eruditi a noxiis etiam uitiis abstinentes. propitius tionem tuam facilius inpetremus. per

289

Presta qs omips deus. ut obseruationes sacras annua deuotione recolentes. et corpore tibi placeamus et mente. per

290

Alia. Presta qs omips deus. ut quos ieiunia uotiua castigant. ipsa quoque deuotio sancta letificent. ut terrenis affectibus mitigata facilius celestia impetremus. per

291

Alia. Cordibus nostris qs dne benignus infunde ut sicut ab escis corporalibus abstinemus. ita sensus quoque nostros a noxii retrahamus excessus. per

283: V 183   284: H 41,2   285: H 46,1
286: H 47,1   287: H 48,1   288: H 55,1
289: H 165,1   290: H 62,2   291: H 53,1

Da qs dne rex eterne ueniam cunctorum.ut sacro nos purificante ieiunio sinceris quoque mentibus ad tua sancta uentura nos facias peruenire. per

Alia. Exaudi nos omips et misericors deus. et continentie salutaris. propitius nobis dona concede. per

Tua nos qs dne gratia. et sanctis exerceat ueneranda ieiunia. et celestibus misteriis efficiat aptiores. per

Alia. Ieiunia nostra qs dne benigno fauore prosequere. ut sicut ab a[144r]limentis in corpore. ita uitiis ieiunemus in mente. per

Alia. Concede nobis omips deus. ut per annua quadragesimalis exercitia sacramenti. et ad intellegendum xpi proficiamus archanum et affectus eius digna conuersatione sectemur. per

Alia. Da qs dne nostris effectum ieiuniis salutare. ut castigatio carnis adsumpta. ad nostrarum uegetatione transeat animarum. per

Alia. Presta nobis dne qs auxilium gratie tue. ut ieiuniis et orationibus conuenienter intenti. liberemur ab hostibus animarum et corporis. per

Alia. Sacra nobis qs dne obseruationis ieiunia. et pie conuersationis augmentum. et tue propitiationis continuum prestent auxilium. per

Deus qui et iusti premia meritorum. et peccatoribus per ieiunium ueniam prebes. miserere supplicibus tuis. ut reatus nostri confessio indulgentiam ualead percipere delictorum. per

Alia. Presta qs omips deus. ut quod uotiua ieiunia castigant. ipsa quoque deuotio [144v] sancta letificet. ut et terrenis. facilius celestia capiamus. per

292: V 206	293: H 54,1	294: V 250	295: H 57,1
296: V 104	297: H 51,1	298: H 49,1	299: H 61,1
300: H 62,1	301: H 62,2		

Alia. Deus qui ineffalibus(!) mundum renoua sacramentum. presta
qs. ut ecclesie tue. eternis proficat institutis. et temporalibus non
destitui. per

Fiat qs dne per gratiam tuam fructuosus nostre deuotionis effec-
tus. quia tunc nobis proderunt suscepta ieiunia. si tue sint placita
pietate. per

Alia. Sanctifica nostra ieiunia qs dne. et cunctarum nobis propitius indulgentiam largire culparum. per

Alia. Nostra tibi qs dne sint accepta ieiunia. que nos et expiando
glorie tue dignos efficiant. et ad remedia perducant eterna. per

Alia. Sanctificato ieiunio hoc deus. tuorum corda fidelium miserator illustra. et quibus deuotionis prestas effectum. prebe suppli-
cantibus. pium benignus auditum. per

Alia. Presta qs omips deus. ut dignitas condicionis humane. per in-
moderantiam sociata. medicinalis parsimonie studio reformetur.
per

Da nobis obserbantia dne legitima deuo[145r]tione perfectam. ut
cum refrenatione carnalis alimonie. sancta conuersatione placeamus. per

Oratio ad cruce ubi dirigatur per singulos. cotidie dic. usque in pascha. Parce
dne. parce populo tuo. ut nullis iam patiaris aduersitatibus fatigaris. quos
pretioso filii tui dni nri ihu xpi sanguine redemisti. per eundem (*Nachtrag,
Überschrift auf fol. 142v unten*)

DOMINICA II

Oratio. Deus qui conspicis omni nos uirtute destitui. interius et ex-
teriusque custodi ut ab omnibus aduersitatibus muniamur in corpore. et a prauis cogitationibus mundemur in mente. per

302: H 64,1	303: H 65,1	304: H 67,1
305: H 68,1	306: H 60,1	307: H 70,1
308: V 211	309: H 100,3	310: H 45,1

DOMINICA III

311

Oratio. Qs omips deus uota humilium respice. adque a defensionem nostram dexteram tue maiestatis extende. per

DOMINICA IIII

312

Concede qs omips deus. ut qui ex merito nostre actionis affligimur. tue gratie consolatione respiremus. per

DOMINICA V

313

Qs omips deus. familiam tuam propitius respice. ut te largiente regatur in corpore. et te serbante. custodiantur in mente. per

DOMINICA IN PALME

314

Omips sempiterne deus. qui humano generi ad imitandum humanis exemplum saluatorem nostrum et carnem sumere et crucem subire fecisti. concede propitius ut et patientie ipsius habere documentum. et resurrectionis eius consortium mereamur. per

315

Deus quem diligere et amare iustitia est [145v] ineffabilis gratie tue in nobis dona multiplica. et qui fecisti nos mortem filii tui sperare que credimus. fac nos eiusdem resurrectionem peruenire quo tendimus. per eundem

316

Alia. Da qs omips deus. ut qui tot aduersis ex nostra infirmitate deficimus intercedente pro nobis unigeniti filii tui passione respiremus. per eundem

311: H 52,2   312: H 59,1   313: H 66,1
314: H 73,1   315: V 330   316: H 74,1

Da misericors deus. ut quod in filii tui passione mundus exercuit. salutare nobis fideliter sentiamus. per eundem

Alia. Deus qui pro nobis filium tuum cruci patibulum subire uoluisti. ut inimici a nobis expelleres postestate. concede nobis famulis tuis. ut resurrectionis gratia consequamur. per eundem

Alia. Fac nos qs omips deus. ut que ueraciter facta recurrimus. in nostrum transire remedium gratulemur. per eundem

Alia. Omips sempiterne deus. da nobis ita dominice passionis sacramenta peragere. ut indulgentiam percipere mereamur. per eundem

Omips sempiterne deus. qui xpi filii tui beata passione nos reparas. conserua in nobis ope[146r]re misericordie tue. ut huius celebritate misterii. perpetua deuotione uiuamus. per eundem

Alia. Presta qs omips deus. ut qui nostris excessibus incessanter affligimur. per unigeniti tui passione respiremus. per eundem

Alia. Respice qs dne super hanc familiam tuam. pro qua dns noster ihs xps non dubitauit manibus tradi nocentium. et crucis subire tormentum. ihs xps dns nr

DOMINICA SANCTUM PASCA

Concede qs omips deus ut qui resurrectionis dominice sollempnia colimus. innouationem tui spiritus a morte anime resurgamus. per eundem

Presta qs omips deus. ut qui gratiam dominice resurrectionis agnouimus ipsi per amorem spiritus a morte anime resurgamus. per eundem

317: V 339	318: H 76,2	319: V 340
320: H 75,1	321: V 344	322: H 76,1
323: H 76,5	324: H 88,7	325: H 88,9

Alia. Concede qs omips deus. ut qui pascalis festiuitatis gaudia colimus. in tua semper sanctificatione uiuamus. per eundem

Alia. Deus qui nos per pascalia festa letificas. concede propitius. ut ea que deuote agimus te adiuuante fideliter teneamus. per

Alia. [146v] Concede qs omips deus. ut qui festa paschalia uenerando egimus per hec contingere ad gaudia eterna mereamur. per eundem.

Alia. Deus qui unigenitum tuum eternitatis nobis aditum deuicta morte reserasti. da nobis qs. ut qui resurrectionis dominice sollempnia colimus. per innouationem tui spiritus a morte anime resurgamus. per

Deus qui hodierna die per unigenitum tuum eternitatis nobis aditum deuicta morte reserasti. uota nostra que preueniendo aspiras. etiam adiuuando prosequere. per eundem

Alia. Deus qui paschalem nobis remedium contulisti. populum tuum celesti dono prosequere. ut inde post perpetuum gaudeat. unde nunc corporaliter exultat. per eundem

Alia. Deus qui nos fecisti hodierna die paschalia festa celebrare. fac nos qs in celestia regna gaudere. per eundem

Alia. Deus qui populum tuum de hostis callidi seruitute liberasti. preces eius misericorditer respice et aduersantes ei tua uirtute prosterne. per

[147r] Deus qui nobis per paschalia festa letificas. concede propitius. ut ea que deuote agimus. te adiuuante fideliter teneamus. per eundem

326: H 90,4	317: H 91,5	328: H 94,1
329: V 463	330: H 88,1	331: V 473
332: H 96,17	333: H 89,9	334: H 91,5

335

Alia. Deus qui multiplicas sobolem renascentium fonte baptismatis. fac eos gaudere propitius. de suorum ueniam peccatorum.

336

Deus qui nobis ad celebrandum paschale sacramentum liberiores animos prestitisti. doce nos et metuere quod irasceris. et amare quod precipis. per eundem

337

Alia. Da qs omips deus. ut ecclesiam tuam et suorum firmitate membrorum. et noua semper fecunditate letetur. per eundem

338

Alia. Da misericors deus. ut in resurrectionem dni nri ihu xpi. percipiamus et nos ueraciter portione. per eundem

339

Xpianam qs dne respice plebem et quam eternis renouare dignatus es misteriis. a temporalibus culpis dignanter absolue. per eundem

340

Solita qs dne pietate custodi quos saluasti. ut qui tua passione sunt redempti. tua resurrectione letentur. per

341

Alia. Deus qui omnes in xpo renatos genus regium et sacerdotale fecisti da nobis et uelle et posse que [147v] precipis. ut populo ad eternitate uocato. una sit fides cordium et pietas actionum. per

DOMINICA OCTABA PASCA

342

Presta qs omips deus. ut qui festa paschalia peregimus. hec te largiente moribus et uitam teneamus. per eundem

DOMINICA II

343

Deus qui in filii tui humilitatem iacente mundum erexisti. fidelibus tuis perpetua concede letitiam. ut quos perpetue mortis eripuisti casibus gaudiis facias perfrui sempiternis. per

335: H 94,5	336: H 92,4	337: H 92,5
338: V 528	339: V 533	340: V 532
341: H 96,1	342: H 95,1	343: V 541

DOMINICA III

344

Oratio. Deus qui errantes ut in uia possint redire iustitie ueritatis tue lumen ostendis. da cunctis qui xpiana professione censantur. et illa respuere que huic inimica sunt nomini et ea que sunt apta sectari. per

DOMINICA IIII

345

Oratio. Deus qui fidelium mentes unius efficis uoluntates. da populis tuis id amare quod preci(pi)s. id desiderare quod promittit. ut inter mundanas uarietates. ibi nostra fixa sint corda. ubi uera sunt gaudia. per

DOMINICA V

346

Oratio. Deus a quo bona cuncta procedunt largire supplicibus tuis ut cogitemus te inspirante que recta sunt. et te gubernante eadem faciamus. per

IN SANCTI GEORGI MARTYRIS

347

Oratio. [148r] Tuus sanctus martyr georgius. qs dne ubique letificet. ut dum eius merita recolimus. patrocinia in augmentum uirtutum sentiamus. per

IN SANCTI MARCI EUANGELISTA

348

Deus qui hunc diem beati marci euangeliste et martiris tue. gloriose passionis famosa exigente tropeo. sanguinis roseo consecrasti rore perfusum presta qs. ut ipse aput te pro nobis existat precipuus suffragator. qui unigeniti tui fieri meruit euangelicus predicator. per eundem

344: V 546   345: V 551   346: V 556
347: S 710   348: Ba 461

349

Exaudi dne qs preces nostras et intercedente beato marco martyre tuo et euangelista supplicationes nostras placatus intende. per

350

ORATIO AD SANCTA MARIA. Miserere iam qs dne intercedente beata et gloriosa semperque uirgine dei genitrice maria. populo tuo et continuis tribulationibus laborantem. celeri propitiatione letifica. per

351

AD GRADO. *Oratio*. Mente familie tue qs dne intercedente beato petro apostolo tuo et munere conpunctionis aperi et largitate pietatis exaudi. per

352

IN ATRIO. *Oratio* [148v] Deus qui culpas nostras piis uerberibus percutis ut a nostris iniquitatibus emundas. da nobis et de uerbere tuo proficere. et de tua citius consolatione gaudere. per

353

Alia oratio. Presta qs omips deus. ut ad te toto corde clamantes. intercedente beato laurentio martire tuo pietatis indulgentiam consequamur. per

354

Moueat pietatem tuam qs dne subiecte tibi pleuis affectus. et misericordiam tuam supplicatio fidelis optineat et qui meritis non presumit. indulgentie tue largitatis percipiat. per

355

Presta qs omips deus. ut qui in afflictione nostra de tua pietate confidimus. contra aduersa omnia tua semper protectione muniamur. per

ITE(M) IN SANCTE CRUCIS

356

Oratio. Deus qui hoc preclara salutifere crucis inuentione passionis tue miracula suscitasti. concede ut uitalis ligni pretio eterne uite suffragia consequamur. qui uiuis

---

349: cf. H 170,1 **350:** B 105 **351:** H 101,1 **352:** H 100,4
353: H 100,6 **354:** H 201,32 **355:** H 100,7 **356:** Ba 483

357

Dne ihu xpe filii dei uiui qui per passionem et crucem tuam redemisti mundum. redime nos de manu inimicorum. quia tu es deus
noster bene[149r]dictus in secula seculorum. amen.

IN SANCTI ANGELI

358

Deus cuius claritatis fulgore beatus michael archangelus tuus pre-
cellit agminibus angelorum. presta qs. ut sicut ille tuo dono prin-
cipatum meruit possidere celestem. ita nos eius precibus adiuti.
uitam optineamus eternam. per

IN ASCENSA DOMINI

359

Oratio. Concede qs omips deus. ut qui hodierna die unigenitum
tuum redemptorem nostrum ad celos ascendisse credimus. ipsi
quoque mente in celestibus habitemus. per eundem qui uiuis

360

Alia oratio. Da qs omips deus illuc subsequi tuorum membra fidelium quo caput nostrum principium recessit ihs xps dns nr. qui
uiuit

361

Alia oratio. Adesto dne supplicationibus nostris. ut sicut humani
generis saluatorem. conscendere tecum in tua maiestatem confidimus. ita usque ad consumatione seculi manere nobiscum. quemammodum est pollicitus sentiamus. per

362

Alia. Tribue nos qs omips deus. ut munere festiuitatis hodierne
illuc tuorum filiorum dirigatur intentio. quo in tuo unigenito
tecum est nostra substantia. per [149v]

363

Erectis sensibus et oculis cordis ad sublimia subleuantes. qs dne ut
que in precum uota detulimus. ad impetranda fiduciam reseramus.
per

357: B 90   358: Ba 664   359: H 108,1   360: V 585
361: H 108,6   362: V 581   363: V 579

DOMINICA I POST ASCENSA

364

Omips sempiterne deus. deduc nos ad societatem celestium gaudiorum ut spiritu sancto renatos regnum tuum facias introire. adque eo peruneniat humilitas gregis. quo precessit celsitudo pastoris. per

IN UIGILIA PENTECOSTEN

365

Presta qs omips deus. ut claritatis tue splendor super nos effulgeat. et lux tuae lucis corda eorum qui per gratiam tuam renati sunt sancti spiritus illustratione confirmet. per

IN DIE EIUSDEM

366

Deus qui hodierna die corda fidelium sancti spiritus illustratione docuisti da nobis in eodem spiritu recta sapere. et de eius semper consolatione gaudere. qui tecum

367

Presta qs omips deus. ut spiritus sanctus adueniens maiestatem filii tui manifestando clarificet. qui tecum et cum eodem spiritu sancto. uiuit

368

Mentes nostras qs dne spiritus paraclitus qui a te procedit illuminet et inducat. in omnem sicut tuus promisit filius ueritatis. qui tecum

369

Illo nos igne qs dne spiritus sanctus inflammet quem [150r] dns misit in terram. et uoluit uehementer accendi. qui tecum

370

Deus qui apostolis tuis sanctum dedisti spiritum. concede pleui tue pie petitionis effectum ut quibus dedisti fidem largiris et pacem. per eundem

364: V 524   365: H 111,1   366: H 112,1
367: V 636   368: H 115,1   369: H 117,2
370: H 113,1

Adsit nobis qs dne uirtus spiritus sancti. que et corda nostra clementer expurget. et ab omnibus tueatur aduersis. per eundem

DOMINICA OCTABA PENTECOSTEN

372

Omips sempiterne deus. ad cuius beatitudinis sempiternam non
fragilitate mentis ascenditur fac nos atria superne ciuitatis. et te
inspirante semper ambire et per tuam indulgentiam fideliter introire. per

DOMINICA II

373

Deus in te sperantium fortitudo. adesto propitius inuocationibus
nostris. et quia sine te nichil potest mortalis infirmitas. presta
auxilium gratie tue. ut in exequendis mandatis tuis et uoluntate
tibi et actione placeamus. per

DOMINICA III

374

Sancti nominis tui dne timorem pariter et amorem fac nos habere
perpetuum. quia numqua tua guuernatione destituis. quod in soli-
ditate tue dilectionis instituis. per

DOMINICA IIII

375

Deprecationem nostram qs dne benignus exaudi [150v] et quibus
supplicandi presta effectum tribue defensionis auxilium. per

DOMINICA V

376

Protector in te sperantium deus sine quo nichil est ualidum. nichil
sanctum. multiplica super nos misericordiam tuam. ut te rectore

371: H 114, 1   372: V 678   373: V 566
374: V 586   375: S 895   376: S 914

te duce. sic transeamus per bona temporalia ut non amittamus
eterna. per

DOMINICA VI

377

Da nobis dne qs ut e(t) mundi cursus pacifico nobis tuo ordine dirigatur. et ecclesia tua tranquilla deuotione letetur. per

IN SANCTI BARNABE APOSTOLI

378

Deus qui nos beati barnabe apostoli tui meritis et intercessione letificas concede propitius. ut qui eius beneficia possimus dono gratie tue consequamur. per

IN SANCTI UITI

379

Oratio. Dne deus noster. multi(pli)ca super nos gratiam tuam. et
quorum celebramus gloriosa certamini tribue subsequi in sancta
professio uictoria. per

IN SANCTI NICANDRI

380

Sanctorum tuorum nos dne nicandri et marciani natalicia tueantur quia tanto fiducialius tuo nomini supplicamus. quanto fre-
quentiis martyrum benedictionibus confouemur. per

IN SANCTI BARTHOLOMEI APOSTOLI

381

[151r] Deus qui exorante apostolo tuo bartholomeo demoni pre-
cipisti suum funditus diruere simulacrum. peccatorum imagines a
nostris mentibus qs expelle propitius. ut qui precibus emundati.
regni tui ianuam gaudenter introire mereamur. per

377: S 947   378: B 131   379: V 1117
380: cf. F 1057   381: Ba 504

IN SANCTI ELIE

382

Omips sempiterne deus. helementa huius mundi saluare digneris. per intercessione beati helie prophete exaudi propitius orationem nostram. et tribue nobis misericordiam tuam. et de quacumque tribulatione ad te clamantes. ipso adiubante adimplere possimus. per

IN SANCTI PAULINI

383

Da qs omips deus. ut qui beati paulini confessori tuo atque pontificis sollempnia colimus. eius apud te intercessionibus adiuuemur. per

IN UIGILIA SANCTI IOHANNIS BAPTISTE

384

Presta qs omips deus. ut familiam tuam per uia salutis incedat. et beati iohannis precursoris tui hortamenta sectando ad eum quem predixit secura perueniat. per

IN NATALE EIUSDEM

385

Deus qui presentem diem honorabilem nobis in beati iohannis natiuitatem fecisti. da po[151v]pulis tuis spiritalium gratia gaudiorum et omnium fidelium mentes dirige in uia salutis eterne. per

386

Deus qui nos beati iohannis baptiste concedis natalicia perfrui eius nos tribue meritis adiuuari. per

SANCTORUM IOHANNIS ET PAULI

387

Qs omips deus. ut nos geminata letitia hodierne festiuitatis excipiat. que de beatorum iohannis et pauli glorificationi procedit quos eadem fides et passio uere fecit esse germanos. per

382: ?   383: cf. H 109,1   384: H 123,1
385: H 125,1   386: H 125,8   387: H 126,1

131

IN UIGILIA SANCI PETRI

388

Presta qs omips deus. ut nulli nos permittas perturbationibus concuti. quos in apostolice confessionis petra solidasti. per

IN NATALE EIUSDEM

389

Deus qui hodiernam diem apostolorum tuorum petri et pauli martyrio consecrasti. da ecclesie tue eorum in omnibus sequi preceptum per quos religionis sumpsit exordium. per

390

Exaudi nos deus salutaris noster. et apostolorum tuorum nos tuere presidiis. quorum donasti fideles esse doctrinis. per

IN SANCTI PAULI

391

Deus qui multitudinem gentium beati pauli apostoli predicationem docuisti. da nobis ut cuius [152r] natalicia colimus. eius aput te patrocinia sentiamus. per

IN OCTABA APOSTOLORUM

392

Deus cuius dexteram beatum petrum ambulantem in fluctibus ne mergeretur erexit et apostolum eius paulum tertio naufragantem de profundo pelagi liberauit. exaudi nos propitius et concede. ut amborum meritis eterne beatitudinis gloriam consequamur. per

DOMINICA I POST NATALE APOSTOLORUM

393

Deus qui diligentibus te bona inuisibilia preparasti. infunde cordibus nostris tuis amoris effectum. ut te in omnibus et super omnia diligentes promisiones tuas que omnem desiderium superant consequantur. per

388: H 128,1   389: H 129,1   390: V 936
391: H 130,1   392: H 131,1   393: V 1178

DOMINICA II

394

Deus uirtutum cuius est totum quod est obtimum insere pectoribus nostris amorem tui nominis. et presta nobis religionis augmentum que sunt bona nutrias ac uigilante studio que sunt nutrita
custodias. per

DOMINICA III

395

Deus cuius prouidentia in suis dispositionis non fallitur. te supplices exoramus. ut noxia cuncta submoueas. et omnia nobis profutura concedas. per

DOMINICA IIII

396

Largire nobis dne qs semper spiritus cogitandi que [152v] recta
sunt propitius agendi. ut qui sine te esse non possumus. secundum
te uiuere ualeamus. per

DOMINICA V

397

Pateant aures misericordie tue dne precibus supplicantium ut et
petentibus desiderata concedis. fac eos que tibi sunt placita postu-
lare. per

DOMINICA VI

398

Deus qui omnipotentiam tuam parcendo maxime et miserando
manifestas multiplica super nos misericordiam tuam. ut ad tua
promissa currentes celestium bonorum facias esse consortes. per

394: V 1182   395: V 1186   396: V 1190
397: V 1195   398: V 1198

IN SANCTI APOLLINARI

399

Beati apollinaris dne tue sacerdotis martyris. annua festa recolentes. qs. ut que tuorum nobis sunt instrumenta presentium. fiant eternorum patrocinia gratiarum. per

IN SANCTORUM NAZARI ET CELSI

400

Presta dne qs ut sicut populus xpianus martyrum tuorum nazarii et celsi. temporali sollempnitate congaudet. ita perfruatur eterna et que uotis celebrat conprehendat affectum. per

IN SANCTI IACOBI APOSTOLI

401

Oratio. Adesto dne pleui tue sanctificator et custos. ut apostoli tui iacobi munita presidiis. et conuersationem tibi placeat et secura tibi men[153r]te deseruiat. per

IN SANCTI ABDON ET SENNEN

402

Deus qui sanctis tuis abdon et sennes. ad hanc gloria ueniendi copiosum munus gratie contulisti. da famulis tuis tuorum ueniam peccatorum. ut sanctorum tuorum intercedentibus meritis ab omnibus mereamur aduersitatibus liberari. per

AD SANCTUM PETRUM AD UINCULA

403

Oratio. Deus qui beatum petrum apostolum a uinculis absolutum inlesum abire fecisti. nostrorum qs absolue uincula peccatorum. et omnia a nobis mala propitiatus exclude. per

---

399: ?   400: S 1014   401: H 129,10
402: H 135,1   403: H 136,1

IN NATALE MACHABEORUM

404

Fraterna nos dne martyrum tuorum corona letificet. et que fidei nostre preueat incitamenta uirtutum et multiplici nos suffragatio consoletur. per

IN SANCTI XISTI

405

Oratio. Beati xisti dne tui sacerdotis et martyris annua festa recolentes qs. ut qui nobis sunt instrumenta presentium fiant eternorum premia gaudiorum. per

IN TRANSFIGURATIO DOMINI

406

Deus qui hodierna die unigenitum tuum mirabiliter transformatum celitus utriusque testamenti partibus reuelasti. da nobis qs. be[153v]neplacitis tibi actibus. ad eius semper contemplandam pertingere gloriam. in quo tue paternitati optime conplacuisse testatus es. per eundem dnm

407

Alia oratio. Fac nos qs dne ad illam tue claritatis uisione pertingere. quam tuis hodie discipulis in monte transfiguratus ostendisti.

IN SANCTI DONATI

408

Oratio. Deus tuorum gloria sacerdotum presta qs. ut sancti martiris tui donati atque pontificis. cuius festa gerimus auxilium sentiamus. per

IN UIGILIA SANCTI LAURENTII

409

Oratio. Adesto dne supplicationibus nostris. et intercessione beati laurentii martiris tui. perpetuam nobis misericordiam benignus inpende. per

404: V 1113   405: V 960   406: B 154
407: B 154   408: V 965   409: H 141,1

IN NATALE EIUSDEM

410

Deus mundi creator et rector qui hunc diem in beati leuite tui laurentii martirio consecrasti. concede propitius. ut omnes qui martirii eius merita ueneramus(!). intercessionibus eius ab eternis gehenne incendiis liberemur. per

411

Da nobis qs omips deus. uitiorum nostrorum flammas extinquere qui beato laurentio tribuisti tormentorum suorum incendia superare. per

412

[154r] Sancti laurentii nos dne sancta precatio tueatur. ut quod nostra consentia(!) non meretur. eius nobis qui tibi placuit oratione donetur. per

DOMINICA I POST SANCTI LAURENTII

413

Oratio. Omips sempiterne deus qui habundantia pietatis tue. et merita supplicum excedis et uota. effunde super nos misericordiam tuam. ut dimittas que conscientia metuit. et adicias quod oratio non presumit. per

IN UIGILIA SANCTE MARIE

414

Deus qui uirginalem aulam beate marie in qua habitares eligere dignatus es. da qs. ut sua nos defensione munitos. iocundos faciat sue interesse festiuitatis. qui uiuis

IN DIE

415

Oratio. Deus qui hodierna die pro incomparabilibus meritis gloriosissima mariam semper uirginem et matrem ad superna gaudia

410: V 975	411: H 143,1	412: V 979
413: V 1201	414: H 147,1	415: Ba 631

perduxisti. presta illuc nos quoque tua pietate conscendere quod ipsa meruit subleuari. per

416

Ueneranda nobis dne huius diei festiuitas. in qua sancta dei genitrix mortem subiit temporalem. nec tamen mortis nexibus deprimi potuit qui filium tuum de se genuit [154v] incarnatum. cuius intercessione qs. ut mortem eruere possimus animarum. per

DOMINICA II

417

Omips et misericors deus. de cuius munere uenit ut tibi a fidelibus tuis digne et laudabiliter seruiatur. tribue qs nobis. ut ad promissiones tuas. sine offensione curramus. per

IN TRANSLATIO SANCTI BARTHOLOMEI APOSTOLI

418

Deus qui apostoli tui bartholomei corpus. arca eius contra fluctum gestantem. ex india in liparim pro salute italorum transire uoluisti. concede qs. ut illius patrocinio tueamur. cuius reliquies laudibus frequentamur. per

DOMINICA III

419

Omips sempiterne deus da nobis fidei. spei. et caritatis augmentum. et ut mereamur assequi quod promittis. fac nos amare quod precipis. per

IN DECOLLATIO SANCTI IOHANNIS BAPTISTE

420

Deus qui per precursorem filii tui tanto munere dedicasti. ut pro ipso etiam capite plecti mereretur. da nobis ex eius imitatione. ueritatis fortes testes existere. et nullas aduersitates mundi formidare. per

420a

Sancti iohannis baptiste et martyris tui dne qs ueneranda festiuitas. salutaris auxilii [155r] nobis prestet effectum. per

416: cf. H 148 (*von* cuius *an ausradiert*)   **417:** V 1206
418: Ba 641   **419:** V 1209   **420:** Ba 644   **420a:** V 1009

421

Beatissimorum martyrum tuorum donati. felici. arontii et fratrum eorum nos qs dne merita adiuuent et sicut pro nominis tui gloriam suum sanguine effuderunt. ita et pro nobis te largiente intercessores existant. per

DOMINICA IIII

422

Custodi dne qs ecclesiam tuam propitiatione perpetua et quia sine te lauitur humana mortalitas tui semper auxiliis. et abstrahatur a noxiis et ad salutaria dirigatur. per

IN NATIUITATE SANCTE MARIE

423

Supplicationes seruorum tuorum deus miserator exaudi. ut qui in natiuitate dei genitricis et uirginis congregamur. eius intercessionibus conplacatus. a te de i(n)stantibus periculis eruamur. per

424

Adesto nobis omips deus. beate marie festa repetentibus quam hodiernae festiuitatis. prolata exoratum(!) ineffauile munere subleuasti. per

IN SANCTORUM PROTI ET IACINTHI

425

Beati proti nos dne et iacinti. foueat pretiosa confessio. et pia iugiter intercessio tueatur. per

IN SANCTORUM CORNELII ET CIPRIANI

426

[155v] Beatorum martirum pariterque pontificum. cornelii et cipriani nos dne qs festa tueantur. et eorum commendet oratio ueneranda. per

421: ?	422: V 1213	423: H 155
424: cf. V 826	425: H 157,1	426: S 1182

EODEM DIE EXALTATIO SANCTE CRUCIS

427

Deus qui nos hodierna die exaltatione sancte crucis annua sollempnitate letificas. presta qs. ut cuius misterium in terra cognouimus eius redemptionis premia consequi mereamur. per

428

Alia oratio. Adesto nobis dne deus noster. ut quos sancte crucis letare fecisti honorem perpetuis quoque defende subsidiis. per

DOMINICA V

429

Oratio. Ecclesiam tuam dne miseratio continuata emundet et muniat. et quia sine te non potest salua consistere. tuo semper munere guuernetur. per

IN SANCTI IANUARII

430

Oratio. Deus qui beatum ianuarium sacerdotem et martirem tuum et socii eius in tribulationibus prouasti. in angustiis dilatasti. in persecutionibus glorificasti. da nobis eorum meritis tenere constantiam. imitare uitam. predicare cum letitia. eorum uenerabilem passionem. per

IN SANCTI MATHEI APOSTOLI

431

Oratio [156r] Beati mathei apostoli et euangeliste dne precibus adiuuemur. ut quod possibilitas nostra non optinet. eius nobis intercessionibus donetur. per

IN SANCTI MAURICII CUM SOCIIS SUIS

432

Deus qui beatum mauricium cum suis comilitonibus tirannicis preceptis. resistendo fortiter fecisti uictores. eorum nobis qs meritis

427: V 1023   428: Ba 252   429: V 1218
430: ?   431: S 1208   432: ?

concede contra omnia antique hostes tentamenta. uiriliter dimi-
care. ut inter eos mereamur celestia consequi dona. per

DOMINICA VI

433

Omips sempiterne deus. misericordiam tuam ostende supplicibus.
ut quidem meritorum qualitate diffidimus non iudicium tuum sed
indulgentiam sentiamus. per

DOMINICA VII

434

Oratio. Fac nos qs dne prompta uoluntate subiectos. et ad supli-
candum tibi nostra semper excita uoluntates. per

IN SANCTORUM COSME ET DAMIANI

435

Oratio. Magnificet te dne sanctorum tuorum cosme et damiani.
beata sollem[156v]nitas. quam et illis gloria sempiterna. et opem
nobis ineffauili prouidentia contulisti. per

IN SANCTI ANGELI

436

Oratio. Deus qui beatissimum archangelum tuum michaelem orationes omnium fidelium. suscipere es dignatus. petimus clementiam
tuam ut quas in hoc templum pro nostris facinoribus effundimus
preces. tu benigne suscipe et esto propitius. per

DOMINICA I POST SANCTI ANGELI

437

Da qs dne populo tuo diabolica uitare contagia. et te solum dnm
pura mente sectari. per

433: H 167,1   434: V 1222   435: H 56,1
436: ?   437: V 1226

DOMINICA II

438

Dirigat corda nostra dne qs. tue miserationis opera. et quia sine te placere non possumus secundum te uibere ualeamus. per

DOMINICA III

439

Omips et misericors deus. uniuersa nobis aduersantia propitiatus exclude. ut mente et corpore pariter expediti. que tua sunt liberi mentibus exequamur. per

DOMINICA IIII

440

Largire qs dne fidelibus tuis indulgentiam placatus et pacem. ut [157r] pariter ab omnibus mundentur offensis et secura tibi mente deseruiat. per

DOMINICA V

441

Deus qui nos regendo conseruas. parcendo iustificas. et a temporale tribulatione nos eripe. et gaudia nobis eterna largire. per

DOMINICA VI

442

Deus reffugium nostrum et uirtus. adesto piis ecclesie tue. precibus auctor ipse pietatis et presta. ut quod fideliter petimus efficaciter consequamur. per

DOMINICA VII

443

Excita dne qs tuorum corda fidelium uoluntates. et diuini operis fructum propensium exequentes. pietatis tue remedia maiora percipiant. per

438: V 1230   439: V 1234   440: V 1238
441: S 1302   442: S 1325   443: S 1334

141

IN SANCTI DIONISII CUM SOCIIS SUIS

444

Deus qui hodierna die beatum dionisium uirtute constantie in passione rouorasti. quique illi ad predicandam gentibus gloriam tuam. rusticum et eleutherium sociare dignatus es. tribue nobis qs. ex eorum imitatione pro tuo amore prospera mundi despicere et nulla eius aduersa formidare. per

IN SANCTI LUCE APOSTOLI EUANGELISTA

445

Intercedente pro nobis dne qs. sanctus tuus lucas euangelista. qui crucis mortificatione [157v] iugiter in suo corpore pro tui nominis amore portauit. per

IN SANCTI CHRISANTI ET DARIE

446

Omips sempiterne deus. qui nos idoneos non esse perpendi maiestate tua. sicut dignus es exorandum. da sanctos martires tuos chrisantum et uirginem dariam diodorum sacerdotem ministrumque tuum marinianum pro nostris supplicare peccatis. quos digne possis audire. per

SANCTORUM SIMONIS ET IUDE

447

Deus qui nos per beatos apostolos tuos symonem et iudam ad cognationem tui nominis uenire tribuisti. da nobis eorum gloriam sempiternam. et proficiendo celebrare et celebrando proficere. per.

SANCTI GERMANI CAPUANI

448

Adiuuemur qs dne precibus beati confessoris tui germani atque pontifice. ut illuc pietatis tue mereamur clementia subsequi. quo ipse subuehentibus angelis igneo septus globos conscendit. per

444: F 1379   445: S 1274   446: cf. S 1509
447: S 1287   448: B 177

IN UIGILIA OMNIUM SANCTORUM

449

Domine deus noster. multiplica super nos gratiam tuam. ut quorum preuenimus gloriosa sollempnia. tribue subsequi in sancta
professione letitia. per

IN DIE EIUSDEM

450

Oratio. [158r] Omips sempiterne deus. qui nos omnium sanctorum sub una tribuisti celebritate uenerari qs. ut desideratam nobis
tue propitiationis habundantia multiplicatis cunctorum sanctorum
intercessionibus largiaris. per

451

Alia oratio. Concede qs omips deus. ut sancta dei genitrix. sanctus
michahelis. et sancti apostoli. martires. confessores. atque uirgines.
perfectique iusti nos ubique letificent. ut dum eorum merita recolimus patrocinia sentiamus. per

452

Alia oratio. Fac nos qs dne. omnium sanctorum atque sanctarum
documenta in omnibus imitari et nos ubique tueri ut quorum laudes frequentamur. in terris eorum precibus adiuuemur in celis. per

453

Ad uesperum. Ut tibi dne placere possimus beate marie semper
uirgine et omnium sanctorum. intercessionibus adiuuemur. per

SANCTORUM QUATTUOR CORONATORUM

454

Presta qs omips deus. ut qui gloriosos martyres. claudium. nico-
stratum. simpronianum. castorium atque simplicium. fortes in suo
confessione cognouimus. eius apud te pios in nostras intercessionibus sentiamus. per

449: V 1117   450: F 1397   451: ?
452: ?   453: ?   454: H 174,1

IN SANCTI THEODORI

455

[158v] Deus qui nos beati theodori martiris tui confessione gloriosa circundas et protegis. presta nobis eius imitatione proficere et orationes fulciri. per

IN UIGILIA SANCTI MARTINI

456

Deus qui conspicis quia ex nulla nostra uirtute subsistimus concede propitius. ut intercessione beati martini confessoris tui atque pontifici. contra omnia aduersa muniamur. per

(IN DIE EIUSDEM)

457

Deus qui beato martino confessore tuo tantam gloriam etiam ante lauacrum contulisti. ut uestem quam pauperi tribuerat. tuum filium indutum cerneret. et laudem sui operis ab ipso audiri. presta qs. eius nos meritis a peccatis omnibus exui. et beate mortalitati. luce uestiri. per

458

Presta qs omips deus. ut sicut diuina laudamus in sancti martini confessoris tui atque pontifici. magnalia sic indulgentiam piis eius precibus assequamur. per

IN SANCTE CECILIE UIRGINIS

459

Deus cui beata cecilia. ita castitatis deuotione complacuit. ut coniugem suum ualerianum adfinemque suum tiburtium [159r] tibi fecerit consecrari. nam et angelo deferente micantium odoriferas florum coronas palmamque martyrii perceperunt. qs. ut eam interueniente pro nobis beneficia tui muneris percipere mereamur. per

455: H 175,1   456: H 177,1   457: ?
458: S 1324   459: S 1343

IN SANCTI CLEMENTI

460

Oratio. Omips sempiterne deus. qui in omnium sanctorum tuorum es uirtute mirabilis. da nobis in beati clementis annua sollempnitate letari. qui filii tui martir et pontifex. quod ministerio gessit testimonio comprobauit et quod predicauit hore confirmauit exemplo. per

IN UIGILIA SANCTI ANDREE

461

Qs omips deus. ut beatus andreas apostolus tuum nobis imploret auxilium. ut a nostris reatibus absolutis. a cunctis etiam periculis exuamur. per

IN DIE EIUSDEM

462

Maiestatem tuam dne supplicter exoramus. ut sicut ecclesie tue beatus andreas apostolus extitit. predicator et rector. ita apud te sit pro nobis perpetuus intercessor. per

463

[159v] Deus qui humanum genus tuorum rectibus preceptorum capere consuisti(!). respice propitius ad tantam sollempnia piscatoris et tribue ut natalicio eius munere consequamur. per

IN NATALE UNIUS APOSTOLI

464

Da nobis dne deus noster. beati ill. apostoli tui intercessionibus subleuari ut per quem ecclesie tue supernis muneris rudimenta donasti. per eum subsidia perpetue salutis impendat. per

465

Alia. Adiuuet ecclesie tua tibi dne supplicando beatus ill. apostolus et pius interuentor existat qui tui nominis extitit predicator per

460: S 1342   461: H 183,1   462: H 184,1
463: S 1372   464: Ba 714   465: H 184,6

466

Alia. Exaudi dne populum tuum cum sanctis apostolis tuis ill. patrocinio supplicantem. ut tuo semper auxilio secura tibi possit deuotione seruire. per

467

Alia. Esto dne pleui tue sanctificator et custos ut apostoli tui ill. munita presidiis. et con[160r]uersatione tibi placeat et secura tibi mente deseruiat. per

468

Alia. Sit dne qs beatus apostolus tuus ill. nostre fragilitatis adiutor. ut pro nobis tibi supplicans. copiosius audiatur. per

469

Alia. Presta qs omnips deus. ut qui iugiter apostolica defensione munimur. nec succumbamus uitiis. nec opprimamur aduersis. per

470

Alia. Omips sempiterne deus. qui huius diei uenerandam sanctamque letitia. in beati apostoli tui ill. festiuitate tribuisti. da ecclesie tue. et amare quod credidit. et predicare quod docuit. per

IN NATALE PLURIMORUM APOSTOLORUM

471

Deus qui es omnium sanctorum tuorum splendor mirabilis quique hunc diem beatorum apostolorum tuorum. ill. et ill. martirio consecrasti. da ecclesie tue de natalicio ante festiuitatis letari ut apud misericordiam tuam exemplis eorum protegamur et meritis. per

472

Alia. Beatorum apostolorum honore continuo dne plebs tua semper exultet. ut his presulibus guuernetur quorum doctrinis gaudet et meritis. per [160v]

473

Deus qui nos per beatos apostolos tuos. ad cognitionem tui nominis uenire tribuisti. da nobis eorum. gloriam sempiterna. et proficiendo celebrare et celebrando proficere. per

466: H 184,8   467: H 129,10   468: S 1212
469: V 938   470: S 1119   471: H 184,7
472: Ba 2   473: V 942

146

Alia. Omips sempiterne deus mundi creator et rector qui beatos apostolos tuos il. et il. nomini tuo gloriam consecrasti. exaudi populum tuum cum eodem tibi patrocinio supplicantem. ut pacis donum proficiat. ad fidei caritatis augmentum. per

Alia. Adesto nobis misericors deus. et intercedentibus beatis apostolis tuis. tua circa nos dona propitiatus custodi. per

Alia. Deus qui nos annua apostolorum tuorum il. et il. sollempnitate letificas. presta ps. ut quorum gaudemus meritis instruamur exemplis. per

IN NATALE UNIUS MARTYRIS

Deus qui beatum il. martyrem tuum uirtute constantie in passione roborasti. ex eius nobis imitatione tribu(e pro amore tuo prospera mundi dispicere et nulla eius aduersa formidare. per)

Lücke von einem Blatt

[. . . . .]

(IN NATALE UNIUS CONFESSORIS)

[161r] Exaudi dne preces nostras quas in sancti il. confessori tui atque pontificis. sollempnitate deferimus. ut qui tibi digne meruit famulari. eius apud te intercedentibus meritis ab omnibus nos absolue peccatis. per

Alia. Adesto dne supplicationibus nostris quas in sancti il. confessore tuo commemoratione deferimus. ut qui nostre iustitie fiduciam non habemus eius qui tibi placuit precibus adiuuemur. per

474: S 1288	475: cf. S 1519	476: Ba 724
477: H 152,1	478: V 810	479: H 158,2

480

Infirmitatem nostram respice omips deus. et quia nos pondus proprie actionis grauat. beati il. confessori tui. atque pontificis intercessio gloriosa nos protegat. per

481

Alia. Omips sempiterne deus. qui nos sancti confessoris tui il. festiuitate letificas presta qs. ut cuius commemoratione gaudemus presidiis muniamur. per

482

Beati il. confessori tui. qs dne precibus adiuuemur. ut tua semper
misericordiam percipere mereamur. per

483

Adesto dne supplicationibus nostris ut qui es iniquitates nostras
reos nos esse cognoscimus. beati il. confessoris tui intercessione liberemur. per [161v]

484

Beati il. sacerdotis et confessoris tui nos annua festa recolentes. qs.
ut que nobis sunt instrumenta presentium fiant eternorum patrocinia gaudiorum. per

IN NATALE PLURIMORUM MARTYRUM

485

Exaudi dne populum tuum cum sanctorum martyrum tuorum tibi
patrociniis supplicantem. ut et temporalis uite nos tribuas pace
gaudere. et eterne repperire subsidium. per

486

Alia. Beatorum martirum tuorum il. et il. quorum natalicia ueneranda qs dne ecclesia tua deuota suscipiat. et fiat magne deuotionis amore deuotior. per

487

Alia. Omips sempiterne deus fortitudo adstantium. et martyrum
palma sollempnitate hodiernam diei. propitius intuere. et intercessione beatorum martyrum tuorum il. et il. ecclesiam tuam conti-

480: S 138   481: S 756   482: ?   483: H 181,1
484: S 1036   485: H 184,8   486: cf. F 1088 487: V 1013

nua fac celebritate letari. omniumque in te credentium uota pro-
ficias. per

Alia. Omips sempiterne deus qui in sanctorum tuorum il. et il. cordibus flammam tue dilec[162r]tionis incendis. da mentibus nostris
eadem fidei caritatisque uirtute. ut quorum gaudemus triumphis
proficiamus exemplis. per

Alia. Concede qs omips deus. ut sanctorum martyrum tuorum il.
et il. quorum celebramus uictorias participamur et premiis. per

Alia. Conserua dne populum tuum. et que sanctorum martyrum
tuorum presidiis non desinis adiuuare. perpetuis tribue gaudere
remediis. per

Presta qs dne ut sicut sanctorum tuorum il. et il. nos natalicia cele-
branda non deserunt. nostrorum iugiter suffragiis comitemur. per

Presta qs omips deus. ut qui sanctorum martyrum tuorum il. quorum sollempnia colimus. etiam uirtutes imitemur. per

IN NATALE UIRGINUM

Deus qui nos odie beate il. uirginis et martyris tue sollempnitate
letificas. concede propitius. ut eius adiuuemur meritis. cuius castitatis gradiamur exemplis. per

Alia. Crescat dne qs semper in nobis. sancte iocunditatis effectum.
ut beate il. martiris tue festiuitate augeatur. per

[162v] Presta qs dne mentibus nostris. cum exultatione prouectu.
ut beate il. martiris tue cuius diem depositionis annua deuotione
recolimus etiam fidei constantiam consequamur. per

488: S 1501	489: S 1507	490: H 202,2	491: V 1094
492: H 103,1	493: S 1484	494: V 822	495: V 823

496

Alia. Deus qui inter cetera potentie tue miracula etiam in sexu fragili uictoriam martirio contulisti. concede propitius. ut qui beate il. martyris tue natalicia colimus. per eius ad te exempla gradiamur. per

497

Omips sempiterne deus. qui infirma mundi elegis ut fortia queque confundas concede propitius. ut qui beate il. martyris tue. sollempnia colimus eius apud te patrocinia sentiamus. per

498

Alia. Indulgentiam nobis dne beata il. martyr imploret que tibi semper grata extitit et merito castitatis et tue professione uirtute. per

IN DEDICATIONE ECCLESIE

499

Deus qui nobis per singulos annos huius templi tui consecrationis reparas diem (et sacris . . .)

[. . .]

496: H 28,1   497: Ba 777   498: H 28,4   499: Ba 807

VERZEICHNIS DER ORATIONEN

A

Da qs omips ds illuc subsequi tuorum membra 360
    ut ecclesiam tuam et suorum 337
    ut qui beati nicolay 212
    ut qui beati paulini 383
    ut qui noua incarnationis 222
    ut qui tot aduersis 316
Deprecationem nram qs dne benignus exaudi 375
Dirigat corda nra dne qs tue miserationis opera 438
Discat ecclesia tua ds infantum quos hodie 234
Deus a quo bona cuncta procedunt largire 346
Ds a quo et per quem omnia bona 119
Ds a quo sancta desideria recta consilia 54
Ds cui beata cecilia ita castitatis 459
Ds cui proprium est misereri semper et parcere 51
Ds cuius claritatis fulgore beatus michael 358
Ds cuius dexteram beatum petrum ambulantem 392
Ds cuius filius asello in tipo gentilis populi 138
Ds cuius filius in susceptis se asserit 126
Ds cuius prouidentia in sui dispositione 24, 395
Ds effugium nrm et uirtus adesto piis ecclesie 442
Ds eternorum bonorum fidelissime repromissor 102
Ds illuminator omnium gentium da populis tuis 244
Ds innocentie restituor et amator dirige ad te 69
Ds in te sperantium fortitudo adesto propitius 373
Ds mundi creator et rector qui hunc diem 410
Ds omnium conditor qui paterna pietatem 55
Ds quem diligere et amare iustitia est 315
Ds qui a nostre salutis remedium et uere humilitatis 136
    apostoli tui bartholomei corpus 418
    apostolis tuis sanctum dedisti spiritum 370
    beate marie uirginis utero uerbum 270
    beatissimum archangelum tuum michaelem 436
    beatissimum benedictum electum tuum 108
    beato martino confessore tuo tantam gloriam 457
    beato petro apostolo tuo concollatis 261
    beatum ianuarium sacerdotem et martirem 430
    beatum il. martyrem tuum uirtute 477
    beatum mauricium cum suis comilitonibus 432
    beatum petrum apostolum a uinculis 403
    caritatis dona per gratiam sancti spiritus 58
    conspicis omni nos uirtute 310
    conspicis quia ex nulla nra actione 276
    conspicis quia ex nulla nra uirtute 546
    culpas nras piis ueberibus percutis 352
    de modicis quinque milia uirorum 142
    diem discernis a nocte actus nros 19
    diligentibus te bona inuisibilia 393
    diuinis obsequiis angelorum magnificas 273
    ecclesia tua annua quadragesimalis 278
    electos tuos sub granorum nomine 121

errantes ut in uia possint 344
es omnium sanctorum tuorum splendor 471
et iusti premia meritorum 300
exorante apostolo tuo bartholomeo 381
fidelibus tuis celestem miseratus 120
fidelium mentes unius efficis 345
filium tuum per beate uirginis uterum 210
frumenta tui eloquii beatum pontificem 262
hanc diem beati marci euangeliste 348
hoc preclara salutifere crucis 356
hodierna die beatum dionisium 444
hodierna die corda fidelium sancti spiritus 366
hodierna die ob humilitatis exemplum 139
hodierna die per unigenitum tuum 330
hodierna die pro incomparabilibus 415
hodierna die unigenitum tuum gentibus stella 242
hodierna die unigenitum tuum mirabiliter 406
hodierna die uerbum tuum beate uirginis 271
hodiernam diem apostolorum tuorum 389
humanum genus tuorum rectibus 463
hunc sacratissimum diem multiplicibus sacramentorum 137
in filii tui humilitatem iacentem mundum 343
in sanctorum tuorum es uirtute laudabilis 268
ineffabilibus mundum renouas sacramentum 302
inter cetera potentie tue miracula 496
licet sis magnus in magnis mirabilia 235
multiplicas sobolem renascentium 335
multitudinem gentium beati pauli 391
nobis ad celebrandum paschale sacramentum 336
nobis nati saluatoris die celebrare 237
nobis per paschalia festa letificas 334
nobis per singulos annos huius templi 499
nos a delictorum facinoribus 264
nos a dilicia spiritales semper inuitas 148
nos annua apostolorum tuorum ill. et ill. 476
nos beati barnabe apostoli tui 378
nos beati iohannis baptiste concedis 386
nos beati theodori martiris tui 455
nos conspicis in tot perturbationibus 78
nos fecisti hodierna die paschalia festa 332
nos hodie beate ill. uirginis 493
nos hodierna die exaltatione sancte crucis 427
nos in tantis periculis constitutos 67, 249
nos per beatos apostolos tuos symonem 447, 473
nos per paschalia festa letificas 140, 327
nos redemptionis nre annua expectatione 219
nos regendo conseruas parcendo 441
omnipotentiam tuam parcendo maxime 398
paschalem nobis remedium contulisti 331
per os beati iohannis apostoli tui uerbi 232

per precursorem filii tui tante munere 420
populum tuum de hostis callidi 333
presentem diem honorabilem nobis 385
pro nobis filium tuum cruci patibulum 318
renuntiantibus seculo mansiones paras 63, 130
salutis eterne beate marie uirginitate 238
sanctis tuis abdon et sennes 402
super cherubim sublimi throno 115
tuorum corda fidelium spiritali uino 124
uirginalem aulam beate marie 414
unigenitum tuum eternitatis nos aditum 329
Ds quo omnes in xpo renatos genus regium 341
Ds refugium pauperum spes humilium 65
Ds tuorum gloria sacerdotum presta qs 408
Ds uirtutum cuius est totum quod est 394
Deuotionem populi tui qs dne benignus intende 284
Domine deus bonorum initiorum dator omnium 104
Dne ds nr multiplica super nos gratiam 449, 379
Dne ds omps qui dedisti populum tuum 213
Dne ds omps qui nos ad principium huius diei 20
Dne ihu xpe filii dei uiui qui per passionem 357
Dne ihu xpe qui introitum hierusalem 129

E

Ecclesiam tuam dne benignus illustra ut beati iohannis **231**
Ecclesiam tuam dne miseratio continuata emundet 429
Emitte qs dne lucem tuam in cordibus nris 25
Erectis sensibus et oculis cordis ad sublimia 363
Esto dne pleui tue sanctificator et custos 467
Esto nobis propitius ds ut tua nos misericordia 27
Eterne et omips ds qui beatum ambrosium 215
Exaudi dne orationem congregationis tue 132
   preces nras quas in sancti il. confessoris 478
   populum tuum cum sanctis apostolis 466
   populum tuum cum sanctorum martyrum 485
   qs preces nras et intercedente beato marco 349
Exaudi nos ds salutaris nr et apostolorum 390
   ds salutaris nr ut sicut de beate lucie 217
   dne in omni oratione atque deprecationem 59, 62
   dne sce pater omips eterne ds emittere digneris 117
   omips et misericors ds et continentie 293
Exaudi omips ds preces nras et hanc uestem 103
Exaudi qs dne gemitum populi supplicantis 31
Exaudi qs dne supplicum preces et confitentium 64
Erudi qs ds plebem tuam et que extrinsecus 253
Excita dne corda nra ad preparandas 205
   potentiam tuam et ueni et magna 207
   potentiam tuam et ueni et quod ecclesie 203

N

O

P

quia iram tue indignationis 83
qui sanctorum martyrum 492
quo gloriosos martyres 454
quod uotiua ieiunia 301
quos ieiunia uotiua castigant 290
saluatoris mundi 245
sicut diuina laudamus 458
spiritus sanctus adueniens 367
tibi placita mente seruiamus 8
Preueniat nos qs dne misericordia tua 23
Propitiare dne supplicationibus nris et animarum 68, 80
Propitiare dne uespertinis supplicationibus nris 17
Protector in te sperantium ds sine quo nichil 376
Protege dne famulos tuos subsidiis pacis 272
Purifica dne tuorum corda fidelium ut a terrena 75
Purificet nos indulgentia tua ds et ab omni iniquitate 9

Q

Quaesumus omips ds familiam tuam propitius respice 313
 ut nos geminata letitia hodierna 387
 ut beatus andreas apostolus 461
 uota humilium respice adque 311

R

Redemptor noster aspice ds et tibi nos iugiter 7
Respice dne familiam tuam et presta ut aput te 281
Respice nos misericors ds et mentibus clementer 224
Respice qs dne super hanc familiam tuam per qua 323
Reficiamus dne per precursorem tuum 145
Retribuere digneris dne omnibus bona 153

S

Sacra nobis qs dne obseruationis ieiunia 299
Sancte dei genitricis marie gloriose 147
Sancti ambrosii confessoris tui atque pontificis 216
 iohannis baptiste et martyris tui dne 420a
 nominis tui dne timorem pariter 374
 laurentii nos dne sancta precatio 412
Sanctifica nostra ieiunia qs dne et cunctarum 304
Sanctifica qs dne nra ieiunia et cunctarum 280
Sanctificato ieiunio hoc ds tuorum corda 306
Sanctorum tuorum nos dne nicandri et marciani 380
Satiasti nos dne de tuis donis hac datis 151
Sit dne qs beatus apostolus tuus ill. 468

Solita qs dne pietate custodi quos saluasti 340
Supplicationes seruorum tuorum ds miserator 423
Suscipe dne preces nras et clamantium ad te 3
Suscipe dne preces nras et muro custodie tue 131
Suscipe dne secundum eloquiiium tuum et uiuam 107
Suscipe qs omips ds deuotionem huius famuli tui 100

T

Te autem creatura aque adiuro per dm scm per eum 114
Te dne sancte pater omips semp. ds suppl. exoramus ut hac domo 125
Te lucem ueram et lucis auctorem dnm 12
Tribue nos qs omips ds ut munere festiuitatis hodierne 362
Tribulationem nram qs dne propitius respice 84
Tua nos qs dne gratia benedicat et dona 149
Tua nos qs dne gratia et sanctis exerceat 294
Tuam clementissime pater omnipotentiam suppl. deprecamur 105
Tuus sanctus martyr georgius qs dne 347

U

Ut tibi dne placare possimus beate martire 453
Ut tuam dne misericordiam consequamur fac nos 2
Ueneranda nobis dne huius diei festiuitas 416
Ueniat qs dne benedictio tua super cunctos 61
Uespertina oratio nra ascendat ad aures clementie 30
Uespertine laudis officia persoluentes clementiam 10
Uiam sanctorum omnium ihu xpe ad te uenientibus 128
Uide dne iniquitates nras et celeri nobis 21
Uincula qs dne humane prauitatis abrumpe 16
Uota qs dne supplicantis populi celestis 246

X

Xpianam qs dne respice plebem et quam eternis 339

VERZEICHNIS DER HYMNEN

A

B

C

I

Iam lucis splendor rutilat noctis fugatis tenebris 38r
Iam xps ascendit polum necauit ante funera 55r
Iam xps astra ascenderat regressus unde uenerat 56r
Ihs refulsit omnium pius redemptor gentium 28r
Illuminans altissimus micantium astrorum globos 28v
Illuminauit hunc diem rerum creator omnium 52r
Infantum diem martyrum qui iam pro xpi nomine 25r
In laude martini deus te laudat omnis grex tuus 74r
Iste confessor dni sacratus festa plebs cuius 75r
Iste electus iohannes diligendi promtior 23v

L

Leuita uir uincentii martyrisque laudabilis 33r
Lux ecce surgit aurea pallens fatiscat cecitas 2v
Lux mundi uera salus eterna xps redemptor 16r

M

Magne ds potentie qui ex aquis ortum genus 3v
Magni palmam certaminis inuicta fides contulit 67r
Magno canentes annua nunc benedicto cantica 45r
Magno salutis gaudio letetur omne seculum 48r
Magnus miles mirabilis multis effulgens meritis 41r
Martyris ecce dies agathe uirginis emicat eximie 35r
Martiris en gregorii festum sacratum colimus 17r
Martyris xpi colimus triumphum annuum tempus 68r
Martyr dei egregie intende melos glorie 31r
Martyr dei qui unicum patris sequendo filium 79r
Medie noctis tempus est prophetica uox ammonet 37r
Meridie orandum est xps deprecandus ut iubeat 4or

N

Nox atra rerum contegit terre colores omnium 6r
Nunc sancte nobis spiritus 1r
Nunc soror sacra nimium sequendo 44r
Nunc tibi uirgo uirginum laudes ferimus carminum 69r

O

O lux beata trinitas et principalis unitas 11r
O nata lux de lumine ihu redemptor seculi 66r
O pater sancte mitis atque pie 11r
O pontifex egregie lux et decus ecclesie 42r

O quam beatum nuntium uirgo maria audiens 12v
O ueneranda trinitas laudanda ualde benigna 11v
Optatus uotis omnium sacratus ille per dies 54r
O stator rerum reparator eui xpe rex regum 66r

P

Pange lingua gloriosi prelium certaminis 47r
Perfecto trino numero ternis orarum terminus 40r
Pio feramus pectore gratis deo perenniter 60r
Plasmator hominis deus qui cuncta solus 8v
Post matutina laudes quas trinitati psallimus 39r

Q

Qua xps hora sitiit crucem uel in qua subiit 40r
Quem terra pontus ethera colunt adorant predicant 45r
Quis possit amplo famine prepotens digne fateri 68r
Quod chorus uatum uenerandus olim spiritu sancto 34r

R

Rex confessorum gloria et martyrum uictoria 15r
Rex gloriose martyrum corona confitentium 78r
Rex metuende omnium creator festa sacrata 58r
Rector potens uerax deus 1r
Rerum deus tenax uigor 1r

S

Sacra piorum martyrum festa nunc instat annua 79r
Sacri xpe pontifici apollinaris martyris 65r
Saluete flores martyrum quos lucis ipso limite 25v
Sancti ambrosii presulis ymnum deo referimus 15v
Sancti thomei apostoli laudes canamus debitas 16v
Sanctorum meritis inclita gaudia pangimus socii gesta 78r
Sebastiani incliti dicatus almo sanguine 30v
Sic ter quaternis trahitur horis dies ad uesperum 41r
Signum crucis mirabile olim per orbem prenitet 51v
Siluestri almi presulis urbis rome egregie 26r
Sol astra terra equora montes colles et sidera 12r
Sollempne tempus uertitur quo pontifex nycolaus 14v
Sollempnis dies aduenit quo uirgo celum petiit 24r
Splendor diei rutilat dicatus fratrum sanguine 71r
Stephano primo martyri cantemus canticum nouum 22v
Summe confessor sacer et sacerdos temporum meta 75r
Summe deus clementie mundique factor machine 6v

Summum percurrit oraculum dies in anno maximus 60v
Surgentes ad te dne atre noctis silentio 21r

T

Telluris ingens conditor mundi solum qui eruens 1v
Ternis ter horis numerus fidei sacre panditur 40r
Tibi xpe splendor patris uita uirtus cordium 53r
Triumphum sacre uirginis sancte agathe psallimus 36r
Tu trinitatis unitas orbem potenter 4r

U

Ueni creator spiritus mentes tuorum uisitans 56r
Ueni redemptor gentium ostende partum uirginis 19r
Uerbum patris principium proles beata celitus 24v
Uerbum salutis omnium patris hab ore prodiens 13r
Uerbum supernum prodiens a patre olim exiens 13r
Uexilla regis prodeunt fulgens crucis mysterium 47r
Uoce iocunda resonemus omnes laudibus sacris 26v
Uox clara ecce intonat obscure queque increpat 12v
Ut queant laxis resonare fibris mira gestorum 59r

X

Xpe qui uirtus sator et uocaris cuius hornatus pietate 73r
Xpe redemptor omnium ex patre patris unice 18r
Xpe rex noster uia lux salusque qui piis dignam 74r
Xpe sanctorum decus angelorum in polo sedes 30r
Xpe sanctorum decus angelorum rector humani genris 52r
Xpi caterua peruigil suaui modulamine 71r
Xps est uita uiuens in orbe occasum patiens 21v
Xps sanctorum decus atque uirtus uita et forma 44r

Y

Ymnum cantemus dno ymnum martyris stephano 23r
Ymnum dicamus dno fratres deo cum cantico 50r

BIBLIOGRAPHIE

von Dr. P. Leo Eizenhöfer OSB

1. Der Allelujagesang vor dem Evangelium, in: Ephem. lit. 45 (1931) 374–382 (signiert Alfons Eizenhöfer).
2. Untersuchungen zum Stil und Inhalt der römischen »Oratio super populum«, in: Ephem. lit. 52 (1938) 258–311.
3. Zum Stil der »Oratio super populum« des Missale Romanum, in: Liturgisches Leben 5 (1938) 160–168.
4. Die Prosodie des Carmen ad Flavium Felicem De resurrectione mortuorum et de iudicio Domini (Dissertation Maschinenschrift, Heidelberg 1942).
5. Das Prager Sakramentar, Cod. o. 83 (fol. 1–120) der Bibliothek des Metropolitankapitels I. Lichtbildausgabe von A. Dold in Verbindung mit L. Eizenhöfer (Beuron 1944).
6. Neue Parallelen zur Regel Benedikts aus Cyprian, in: Vir Dei Benedictus (Münster 1948) 254–261.
7. Das Prager Sakramentar II. Prolegomena und Textausgabe von A. Dold in Verbindung mit L. Eizenhöfer (= Texte und Arbeiten 38–42, Beuron 1949).
8. Ergänzungen der Konkordanztabelle zu Cod. Sangall. 348, in: Miscellanea in hon. L. C. Mohlberg II (= Bibliotheca »Ephemerides liturgicae« 23, Roma 1949) 305–311.
9. Das Opfer der Gläubigen in den Sermonen Leos des Großen, in: Die Messe in der Glaubensverkündigung, Festschrift J. A. Jungmann, herausgegeben von F. X. Arnold und B. Fischer (Freiburg 1950, ²1953) 79–107.
10. Totenpräfation aus einem altchristlichen Gedicht, in: Archiv für Liturgiewissenschaft (= ALW) I (1950) 102–106.
11. Taetrum chaos illabitur, in: ALW II (1952) 94–95.
12. Nochmals »Spanish Symptoms«, in: Sacris erudiri IV (1952) 27–45.
13. Zu Bannisters Echternacher Meßformular für die Vigil von Christi Himmelfahrt, in: Colligere Fragmenta, Festschrift A. Dold (= Texte und Arbeiten, 2. Beiheft, Beuron 1952) 166–172.
14. Arator in einer Contestatio der Mone-Messen und in einer Mailänder Präfation, in: Rev. bénéd. 63 (1953) 329–333.
15. Die Marmormessen Gregors III, in: Ephem. lit. 67 (1953) 112–128.
16. Canon Missae Romanae I Traditio textus (= Collectanea Anselmiana, Rerum Ecclesiasticarum Documenta, Series minor: Subsidia studiorum 1, Roma 1954).
17. Zitate in altspanischen Meßgebeten, in: Römische Quartalschrift 50 (1955) 248–254.
18. Zur »Pater noster«-Einleitung der römischen Messe, in: ALW IV, 2 (1955) 325–340.
19. »Te igitur« und »Communicantes« im römischen Meßkanon, in: Sacris erudiri VIII (1956) 14–75.
20. Sacramentarium Veronense (Cod. Bibl. Capit. Veron. LXXXV [80]). In

Verbindung mit L. Eizenhöfer und P. Siffrin herausgegeben von L. C. Mohlberg (= Rerum Ecclesiasticarum Documenta, Series maior Fontes I, Roma 1956, ²1966).

21. Missale Francorum (Cod. Vat. Reg. lat. 257). In Verbindung mit L. Eizenhöfer und P. Siffrin herausgegeben von L. C. Mohlberg (= Rerum Ecclesiasticarum Documenta, Series maior Fontes II, Roma 1957).

22. Missale Gallicanum Vetus (Cod. Vat. Palat. lat. 493). In Verbindung mit L. Eizenhöfer und P. Siffrin herausgegeben von L. C. Mohlberg (= Rerum Ecclesiasticarum Documenta, Series maior Fontes III, Roma 1958).

23. Die Mone-Messen, in: Mohlberg, Missale Gallicanum Vetus (siehe Nr. 22) 61–91.

24. Zum Sakramentar-Fragment von Stockholm, in: ALW VI, 1 (1959) 79–81.

25. Liber Sacramentorum Romanae Aeclesiae Ordinis anni circuli (Cod. Vat. Reg. lat. 316 / Paris Bibl. Nat. 7193, 41–56, Sacramentarium Gelasianum). In Verbindung mit L. Eizenhöfer und P. Siffrin herausgegeben von L. C. Mohlberg (= Rerum Ecclesiasticarum Documenta, Series maior Fontes IV, Roma 1960, ²1968).

26. Die Feier der Ostervigil in der Benediktinerabtei San Silvestro zu Foligno um das Jahr 1100, in: ALW VI, 2 (1960) 339–371.

27. Die Siegelbildvorschläge des Clemens von Alexandrien und die älteste christliche Literatur, in: Jahrbuch für Antike und Christentum III (1960) 51–69.

28. Missale Bugallense (Codex Lowe). Ein Votiv-Vollmissale des XIV./XV. Jahrhunderts aus Biella in Oberitalien, in: Traditio 17 (1961) 371–425.

29. Stellen aus der Passio SS. Machabaeorum in der westgotisch-mozarabischen Inlatio ihres Festes, in: ALW VII, 2 (1962) 416–422.

30. Zum Satz des Clemens von Alexandrien über das Siegelbild des Fischers, in: Jahrbuch für Antike und Christentum VI (1963) 173–174.

31 In memoriam Petri Siffrin O. S. B. (1888–1963), in: Ephem. lit. 78 (1964) 63–65.

32. Das irische Palimpsestsakramentar im Clm 14429 der Staatsbibliothek München. Entziffert und herausgegeben von A. Dold und L. Eizenhöfer mit einem Beitrag von D. H. Wright (= Texte und Arbeiten 53–54, Beuron 1964).

33. Zu dem irischen Palimpsestsakramentar im Clm 14429, in: Sacris erudiri XVII (1966) 355–364.

34. Canon Missae Romanae II Textus propinqui (= Rerum Ecclesiasticarum Documenta, Series minor Subsidia studiorum 7, Roma 1966).

35. Zur Christus-Epiklese in der abendländischen Liturgie, in: ALW X, 1 (1967) 169–170.

36. Liturgia Romana, Liturgia Ambrosiana, Liturgia Gallicana et Celtica: Introductionem et textus paraverunt L. Eizenhöfer et I. Pahl, in: A. Hänggi – I. Pahl, Prex eucharistica, Textus e variis liturgiis antiquioribus selecti (= Spicilegium Friburgense 12, Fribourg/Suisse 1968) 423–493.

37. Die liturgischen Handschriften der Hessischen Landes- und Hochschulbibliothek Darmstadt. Beschrieben von L. Eizenhöfer und H. Knaus (= Die Handschriften der Hessischen Landes- und Hochschulbibliothek Darmstadt 2, Wiesbaden 1968).

38. Die Präfation für den Geburtstag der heiligen Agnes, in: ALW XI (1969) 59–76.

39. Das Gebet aus dem Polykarpmartyrium als Kommuniongebet im »Brevier«

des Abtes Oderisius von Monte Cassino, in: Sacris erudiri XIX (1969–70) 5–25.

40. Zu dem angelsächsischen Sakramentarfragment von St. Paul in Kärnten (Stiftsbibl. Cod. 979 fol. 4), in: Rev. bénéd. 80 (1970) 291–293.

41. Die lateinischen Gebetbuchhandschriften der Hessischen Landes- und Hochschulbibliothek Darmstadt. Beschrieben von G. Achten, L. Eizenhöfer und H. Knaus (= Die Handschriften der Hessischen Landes- und Hochschulbibliothek 3, Wiesbaden 1972).

42. Über die Abhängigkeit der junggelasianischen und ambrosianischen Vituspräfation von der Agnespräfation des Missale Gothicum, in: ALW XIV (1972) 42–55.

43. Das Gemeindegebet aus dem ersten Klemensbrief in einem karolingischen Gebetbuch, in: Sacris erudiri XXI (1972–73) 223–238/240.

44. Die Heiligen Philipp von Zell und Erkenbert von Worms in einem Litaneifragment aus Groß-Frankenthal zu Darmstadt, in: ALW XV (1973) 165–167.

45. Horae resurrectionis in einem Benediktinerinnengebetbuch des 16. Jahrhunderts in Darmstadt, in: Corona Gratiarum. Miscellanea patristica, historica et liturgica Eligio Dekkers ... oblata II (= Instrumenta Patristica 11, Brugge – s'Gravenhage 1975) 71–97.

46. Erinnerungen eines »adversarius«, in: B. Fischer – H. B. Meyer, J. A. Jungmann, ein Leben für Liturgie und Kerygma (Innsbruck–Wien–München 1975) 46–48.

Besprechung
zweier Editionen von Sieghild Rehle
»Missale Beneventanum von Canosa«
und »Sacramentarium Arnonis«
in: Archivio Ambrosiano 27 (1974) 246–249

Due recenti edizioni curate da S. Rehle contribuiscono indirettamente ad approfondire le conoscenze sulla liturgia ambrosiana e la diffusione di testi milanese fuori dell'area locale. Non si tratta evidentemente di acquisizioni del tutto nuove, ma di valide conferme a quanto si sapeva in base a varie ricerche passate. Così, già da tempo era noto un particolare legame che unisce Milano con la regione beneventano-cassinese. Basti ricordare, quale fatto paradigmatico, il frammento di antifonario ambrosiano in scrittura e neumi beneventani[1].

Il *Missale Beneventanum* ora edito, era già conosciuto dagli studiosi perché era stato registrato nei vari repertori (ad es. nei *CLLA* del Gamber) ed era stato utilizzato anche dal Gay in un ampio e ben documentato studio sui formulari (canti) delle messe dei defunti[2]. Nella prefazione alla presente edizione, Kl. Gamber dà una concisa panoramica sulla tradizione dei messali beneventani (pp. 7–9), mettendo in evidenza alcune particolarità del manoscritto: esso, ad esempio, non presenta più alcuni tratti arcaici conservati in altri testimoni (i frammenti di Zurigo-Peterlingen-Lucerna: *CLLA*, n. 431, il messale mutilo Benevento, Bibl. Capit., VI, 33: *CLLA* n. 430) quali le tre letture, l'*oratio post evangelium*, un prefazio proprio per quasi ogni formulario ... Tuttavia anche il nostro messale ha caratteristiche interessanti, già a partire dalla struttura globale del codice: messe votive, canone, temporale e santorale compenetrati. Il carattere beneventano del messale è inoltre comprovato da tutta una serie di *Alleluia* tipici per quella

---

[1] Bibl. Apost. Vaticana, Ottob. lat. 3 (f. 1), cfr. *Ricerche storiche sulla Chiesa ambrosiana*, III (1972), p. 127 e nota 3.
[2] Cl. GAY, *Formulaires anciens de Messes pour les Défunts, Etudes Grégoriennes*, II (1957), pp. 83–129 (ms. sigla B⁴).

zona liturgica, come si può rilevare facilmente in base al catalogo dello Schlager[3].

La Rehle si è presa la cura di segnare in calce a ogni pagina i paralleli delle singole formule edite, presenti nei principali testimoni eucologici e, per le letture, nel noto *Comes parisinus*. Oltre ai vari sacramentari romani (Leoniano, Gelasiano, Gregoriano), giustamente l'editrice ha preso in considerazione la tradizione ambrosiana (Bergomense, Ariberto), l'unica in cui ha ritrovato un parallelo per varie formule:

121	VD Cuius misericordie munere . . .	= cfr.	Berg 1421
136	Adesto dne supplicationibus . . .	=	Berg 1453
171	Annue nobis dne ut per . . .	=	Berg 1506
172	Munera dne oblata sanctifica . . .	= cfr.	Berg 287
183	Presta qs dne ut anima famuli . . .	=	Berg 1411

L'esame di tutte queste orazioni deve essere condotto con particolare prudenza perché si tratta in tutti i casi di orazioni tratte da messe votive. Il fatto quindi che un pezzo, per quanto si sappia finora, si trova »soltanto« nel messale di Canosa e a Milano, non deve per nulla autorizzare la deduzione che abbiamo qui delle preghiere di sicura origine ambrosiana. Comunque si potrebbe pensare forse che Milano sia stata l'intermediaria tra l'Oltralpe e Benevento; ma in questo campo si procede soltanto con ipotesi più o meno verosimili fino a quando non si conoscerà meglio tutto il processo che ha portato alla »esplosione« delle messe votive nel periodo carolingio e nell'epoca immediatamente successiva[4].

[3] K.-H. SCHLAGER, *Thematischer Katalog der ältesten Alleluia-Melodien* . . . (= Erlanger Arbeiten zur Musikwissenschaft, 2), Rick, München 1965. Cfr., ad esempio, Canosa nn. 98, 496, 634, 666, 727 . . .

[4] Urge fare una storia della diffusione delle messe votive nei Gregoriani e negli altri sacramentari e messali »misti« per vedere realmente la loro origine (di singoli formulari o blocchi) e le dipendenze delle varie aree liturgiche. In quanto alla relazione Milano-Benevento, bisogna stare attenti a distinguere bene i singoli pezzi considerandoli nelle coordinate tempo/spazio e inserendo questa relazione particolare nel contesto di tutta la Chiesa italica. Quello che vale per alcuni pezzi isolati, ad esempio alcuni canti, non deve valere necessariamente per tutto il materiale oggetto di comparazione. Prima di vedere gli influssi del sacramentario ambrosiano nell'Italia meridionale, si dovrà studiare e chiarire il problema dell'antico repertorio eucologico meridionale e la storia dei vari Gregoriani (in Italia e in Francia) e Gelasiani del secolo VIII che hanno certamente esercitato un influsso sulla liturgia ambrosiana.
Per quanto riguarda le formule delle messe votive, ricordo che diverse orazio-

Interesse merita anche un altro fatto: la presenza nel messale di Canosa di un formulario che ritroviamo tale e quale – tranne naturalmente la *super sindonem* – nella tradizione ambrosiana tardiva: la messa *in sancti Marci evangeliste*. Secondo le tabelle del Fassi, essa si trova nei sacramentari di Ariberto, nell' Ambrosiano T 120 sup. e nel Biasca (qui però nell'appendice, come risulta dall'edizione dello Heiming). Così come stanno le cose, è difficile dire che questo formulario sia di origine milanese, ma è ugualmente difficile stabilirne l'esatta provenienza (tradizione gregoriana o gelasiana del secolo VIII? e di quale tipo particolare?). Come si vede, la presente pubblicazione curata con grande diligenza dalla Rehle, offre ai liturgisti ambrosiani ed a quanti si occupano dell'eucologia latina vari motivi di interesse e spunti per ulteriori ricerche.

Diverso, ma anch'esso degno di attenzione, è il sacramentario di Arnone, vescovo di Salisburgo (785–821). Si tratta di un gelasiano del secolo VIII di cui ci sono pervenuti vari frammenti, dispersi attualmente a Cambridge (Mass.), Chapel Hill, Charlotteville (Virg.), Montreal, München e Oxford. Le ampie lacune del codice primitivo possono parzialmente essere colmate ricorrendo – con prudenza![5] – al sacramentario mutilo di Saint Amand, il noto frammento Colbert, copiato in parte da uno scriba che andò con Arnone a Salisburgo dove copiò il nostro sacramentario per il nuovo vescovo.

Come ha rilevato il Gamber nella prefazione all'edizione di Ar-

ni segnalate dalla Rehle presenti nel Fuldese, o in altri sacramentari (Monza, Triplex), sono pure patrimonio della tradizione ambrosiana (ad esempio, Canosa n. 2, Fulda 885, Biasca 835 e paralleli milanesi; Canosa n. 9, Monza 901, Biasca 1226 ecc.). Segnalo Canosa n. 166 = Biasca 1291! Per Canosa n. 57, cfr. Biasca 278, Gregoriano/Adrianeo, ed. DESHUSSES, 182. Nelle messe dei defunti vari paralleli a Canosa si trovano anche nel frammento di san Maurizio edito dal PAREDI.

[5] L'indubbia parentela molto stretta tra Arnone e Colbert non deve fare concludere che i due libri siano identici o semplici copie l'uno dell'altro o di un terzo codice, come ancora recentemente è stato sostenuto da qualcuno. In questo senso anche la Rehle rettifica nella nuova edizone alcune congetture passate per cui nelle lacune di Arnone era stato inserito semplicemente il testo di Colbert. Cfr., ad esempio, la *Missa ad poscendam serenitatem* in cui si era inserita nell'edizione del 1970 l'orazione Colbert 412 *Dne deus qui in mysterio*, mentre il codice in realtà presenta la formula *Deus qui omnium rerum tibi servientium* (= Gelasiano antico 1415).

none, questo codice nell'appendice presenta un uso specifico dell'area milanese-norditaliana: il rito dell'unzione degli infermi e delle esequie, affine – come del resto gran parte del materiale di Arnone – alla tradizione del sacramentario di Monza[6]. Per rendersene conto, basta dare uno sguardo alla tabella di concordanza redatta della Rehle. Si vede chiaramente l'affinità con Monza (due orazioni per la *Inpositio manum super infirmum,* un'*Alia,* due delle cinque *Oratio*[*nes*] *ad communicandum infirmum* e le due *Orationes in agenda mortuorum*) e con la raccolta di *Ordines* edita dal Lambot[7]: due testi che risentono da vicino l'influenza ambrosiana. Tra i paralleli ambrosiani annotati dalla editrice, ricordo l'orazione *Omnipotentem deum qui per sanctos apostolos* che si ritrova a Milano (Bergomense 1646, Biasca 1319) nella »*Missa in honore sancti Sigismundi regis ac martiris pro infirmantibus*«.

B. BAROFFIO

---

[6] Monza, Bibl. Capit., f-1/101, cfr. *CLLA,* 801 e 1250
[7] C. LAMBOT, *North Italian Services of the XIth Century* ... (Henry Bradshaw Society, 67), London 1931. E' il noto codice dell'Ambrosiana T 27 sup. i cui *Ordines* meriterebbero di essere nuovamente studiati e confrontati con quelli contenuti in Monza, Bibl. Capit., b-15/128.

Inhalt

TEXTUS PATRISTICI ET LITURGICI

quos edidit Institutum Liturgicum Ratisbonense

Bisher sind erschienen:

Fasc. 1

Niceta von Remesiana, Instructio ad Competentes. Frühchristliche Katechesen aus Dacien. Herausgegeben von KLAUS GAMBER.

VIII + 182 Seiten. 1964.   Ganzleinen DM 24.–

Fasc. 2

Weitere Sermonen ad Competentes. Teil I.
Herausgegeben von KLAUS GAMBER.

136 Seiten. 1965.   Ganzleinen DM 20.–

Fasc. 3

Ordo antiquus Gallicanus. Der gallikanische Meßritus des 6. Jahrhunderts. Herausgegeben von KLAUS GAMBER.

64 Seiten. 1965.   Ganzleinen DM 10.–

Fasc. 4

Sacramentarium Gregorianum I. Das Stationsmeßbuch des Papstes Gregor. Herausgegeben von KLAUS GAMBER.

160 Seiten. 1966.   Ganzleinen DM 22.–

Fasc. 5

Weitere Sermonen ad Competentes. Teil II.
Herausgegeben von KLAUS GAMBER.

120 Seiten. 1966.   Ganzleinen DM 20.–

Fasc. 6

Sacramentarium Gregorianum II. Appendix, Sonntags- und Votivmessen. Herausgegeben von KLAUS GAMBER.

80 Seiten. 1967.   Ganzleinen DM 16.–

Fasc. 7

Niceta von Remesiana, De lapsu Susannae. Herausgegeben von KLAUS GAMBER. Mit einer Wortkonkordanz zu den Schriften des Niceta von SIEGHILD REHLE.

139 Seiten. 1969.   Ganzleinen DM 24.–

Fasc. 8

Sacramentarium Arnonis. Die Fragmente des Salzburger Exemplars. Appendix: Fragmente eines verwandten Sakramentars aus Oberitalien. In beratender Verbindung mit KLAUS GAMBER untersucht und herausgegeben von SIEGHILD REHLE.

114 Seiten. 1970.   Ganzleinen DM 22.–

Fasc. 9

Missale Beneventanum von Canosa. Herausgegeben von SIEGHILD REHLE.

194 Seiten. 1972.   Ganzleinen DM 28.–

Fasc. 10

Sacramentarium Gelasianum mixtum von Saint-Amand. Herausgegeben von SIEGHILD REHLE. Mit einer sakramentargeschichtlichen Einführung von KLAUS GAMBER.

142 Seiten. 1973.   Ganzleinen DM 30.–

Fasc. 11

Die Briefe Pachoms. Griechischer Text der Handschrift W. 145 der Chester Beatty Library. Eingeleitet und herausgegeben von HANS QUECKE. Anhang: Die koptischen Fragmente und Zitate der Pachombriefe.

118 Seiten. 1975.   Ganzleinen DM 60.–

Fasc. 12

Das Bonifatius-Sakramentar und weitere frühe Liturgiebücher aus Regensburg. Mit vollständigem Facsimile der erhaltenen Blätter herausgegeben von KLAUS GAMBER.

122 Seiten. 1975.   Ganzleinen DM 46.–

STUDIA PATRISTICA ET LITURGICA

quae edidit Institutum Liturgicum Ratisbonense

Fasc. 1

Die Autorschaft von De sacramentis. Zugleich ein Beitrag zur
Liturgiegeschichte der römischen Provinz Dacia mediterranea
VON KLAUS GAMBER.

152 Seiten. 1967.   Ganzleinen DM 24.–

Fasc. 2

Domus ecclesiae. Die ältesten Kirchenbauten Aquilejas sowie
im Alpen- und Donaugebiet untersucht von KLAUS GAMBER.

103 Seiten. 1968.   Ganzleinen DM 21.–

Fasc. 3

Missa Romensis. Beiträge zur frühen römischen Liturgie und
zu den Anfängen des Missale Romanum von KLAUS GAMBER.

209 Seiten. 1970.   Ganzleinen DM 32.–

Fasc. 4

Ritus modernus. Gesammelte Aufsätze zur Liturgiereform
VON KLAUS GAMBER.

73 Seiten. 1972.   brosch. DM 6.–   Ganzleinen DM 12.–

Fasc. 5

Sacrificium laudis. Zur Geschichte des frühchristlichen Eucha-
ristiegebets. Herausgegeben von KLAUS GAMBER.

80 Seiten. 1973.   Ganzleinen DM 18.–

Fasc. 6

Liturgie und Kirchenbau. Von KLAUS GAMBER.

158 Seiten. 1976.   Ganzleinen DM 36.–

Bei S u b s k r i p t i o n der ganzen Reihe 20% Rabatt.
Subskriptionsbestellungen nur beim Liturgiewissenschaftlichen
Institut, Postfach 240, 8400 Regensburg 11; sonst direkt beim

VERLAG FRIEDRICH PUSTET REGENSBURG

8r 36. -/+